ノンフィクション

特攻長官 大西瀧治郎

負けて目ざめる道

生出 寿

潮書房光人社

まえがき

部下たちを特攻戦死させて生きながらえた作戦指導者、指揮官、参謀たちの責任をうやむやにしたまま、現代の若者たちにも特攻を讃美《さんび》させようという動きがある。

戦死した陸海軍の特攻隊員は約三千六百名だが、このようなことでは、彼らは哀れな犠牲者にすぎなくなる。

大西瀧治郎《たきじろう》中将は神風《しんぷう》特別攻撃隊を発動させ、最後の最後まで特攻で抗戦しつづけようとした蛮勇の猛将であったが、その大西にしてさえ、特攻を、

「こんなことをせねばならないというのは、日本の作戦指導がいかにまずいか、ということを示しているんだよ。なあ、こりゃあね、統率の外道《げどう》だよ」

と言っていた。

大西は、日本の無条件降伏が決定すると、戦死した特攻隊員たちとその遺族に謝罪する遺書を書き、軍刀で作法どおり割腹し、十五時間余の苦痛に堪えてから絶命した。特攻はやら

せてはならない「統率の外道」であり、それをやらせた自分は万死に値すると考えていたからにほかならない。

ところが、海軍の特攻に関係があった大西以外の作戦指導者、指揮官、参謀のほとんどは、特攻隊員は自由意志の志願によったもので、その死の責任は隊員自身にあり、自分らにはないとしているかのようである。そうでなければ、大西のように腹を切って死なないまでも、戦死した特攻隊員とその遺族に、なんらかの形で謝罪するはずだが、そういうものは見あたらない。それなら沈黙していればまだしも、なかには、特攻を美化し正当化し、いまの若者たちも特攻隊員を見ならうべきだと言わんばかりの人物がいる。

関行男《ゆきお》大尉を指揮官とし、第十期甲種飛行予科練習生を主力とする第一神風特別攻撃隊は、「志願」の形をよそおっているが、じっさいは指揮官、参謀たちが巧妙に仕組んだ「指名」であり、関以下の隊員たちは、かなり前からひそかに定められていた最初の人身御供であった。

それは四十年以上も美化粉飾されたままになっていたが、じつは負け戦《いくさ》で策に窮した作戦指導者、指揮官、参謀たちが、純真な若い搭乗員たちをいかに利用して自分らの立場を守ろうとしたかの工作によるものだったのである。

これを明らかにして、特攻で戦死した人たちには衷心から尊敬と哀悼の意を表し、新生日本の尊い礎となってくれたことに深く感謝することにしたい。

特攻長官　大西瀧治郎――目次

特攻長官 大西瀧治郎

負けて目ざめる道

体当たりをやるほかない

どのような理由で彼らが日本史上初の航空特攻隊員になったのか、それをたしかめたいと思った。純粋に「志願」なのか、それとも「命令」によるのか、である。

昭和五十九年（一九八四年）九月二日、日曜日、午後八時三十分すぎ、私は東京から大分県東国東《くにさき》郡武蔵町の高橋保男という五十八、九歳の人に電話をかけた。第十期甲種飛行予科練習生出身の戦闘機乗りで、第一神風《しんぷう》特別攻撃隊員に指名された二十四名中のただひとりの生き残りである。

零戦に二百五十キロ爆弾を抱かせて敵空母の飛行甲板に体当たりさせようという第一神風特別攻撃隊の編成は、昭和十九年（一九四四年）十月二十日午前一時すぎに決定された。

フィリピンのマニラ北方百十キロほどに、大小十三の飛行場が散在するクラークフィールド基地群がある。そのなかのマバラカット飛行場（東と西の二つある）に、第一航空艦隊

（第五基地航空部隊）第二〇一航空隊の戦闘機隊が展開していた。マバラカット飛行場の西にはマバラカット町があり、南のマニラと北のリンガエンをむすぶリンガエン街道が通っている。町の西を南西から北東に流れるバンバン川は、リンガエン街道の橋下を通り、北側のバンバン飛行場と南側のマバラカット東飛行場の中間を、さらに北東に流れて行く。

二〇一空本部はマバラカット町内の洋風二階建て、七つの部屋がある高級住宅で、フィリピン人の邸を接収したものであった。そこに同航空隊の士官三十余名と従兵たちが宿泊していた。

十月十九日の日暮れどき、同本部二階のベランダで、テーブルをかこみ、第三種軍装の第一航空艦隊司令長官予定（正式には翌十月二十日発令）の大西瀧治郎《たきじろう》中将、同艦隊先任参謀猪口《いのぐち》（のちに詫間《たくま》）力平中佐、第二〇一航空隊副長玉井浅一中佐、同隊先任飛行隊長指宿《いぶすき》正信大尉、同隊飛行隊長横山岳夫大尉、第二十六航空戦隊先任参謀吉岡忠一中佐の六名が、異常な会議をひらいた。大西中将がつぎのように発言した。

「戦局はみなも承知のとおりで、こんどの『捷《しょう》号作戦』にもし失敗すれば、それこそ由々しい大事をまねくことになる。したがって、一航艦としては、ぜひとも栗田部隊のレイテ突入を成功させなければならないが、そのためには敵の機動部隊をたたいて、すくなくとも一週間ぐらい、敵の空母の甲板を使えないようにする必要があると思う。

そのためには、零戦に二百五十キロの爆弾を抱かせて体当たりをやるほかに確実な方法はないと思うが……。どんなものだろうか？」

この席には二〇一空司令の山本栄大佐と、同空飛行長中島正少佐という二人の重要な責任者が、事故のために不在であった。しかし大西は、

「山本司令とはマニラでうちあわせずみである。副長の意見はただちに司令の意見と考えてもらってさしつかえないから、万事副長の処置にまかす、ということであった」

と言い、会議の結論をうながした。じっさいは、大西のことばはウソで、山本とマニラでうちあわせなどはしていない。事をいそぐために五人をだましたのである。

大西は身長一メートル七十センチ以上、がっしりした体軀《たいく》で、坊主刈りにちかい角刈り頭の下の眉、目、鼻、口がきわだって大きく、首が太く、エネルギッシュにしゃべり、なかなか笑わず、笑えば豪傑笑いをし、人に威圧感をあたえる五十三歳の屈強な男である。当時大西の副官で海軍主計大尉であった門司親徳は、昭和五十三年に『空と海の涯《はて》で』という本を出しているが、大西を、「ジロリとこちらを見た眼玉が、大きくてきびしい」とか、「西郷隆盛を筋肉質にしたような大西中将」と書いている。

論議のあと、玉井は、会議のしめくくりをつけるように発言した。

「体当たり攻撃隊の編成については、ぜんぶ航空隊にお任せください」

「うむ」

うなずいた大西の顔には、沈痛さとともに、わが意を得たという色が浮かんでいた（猪口力平、中島正著『神風特別攻撃隊の記録』雪華社）。会議をおえたあと、玉井はさっそく、その編成にとりかかった。

このころ、トーマス・C・キンケード中将がひきいる第七艦隊に護衛されたマッカーサー（ダグラス・マッカーサー米陸軍元帥）軍二十万人の輸送船団が、フィリピン中部のレイテ島北東岸のタクロバン沖に集結し、翌十月二十日午前十時、レイテ島に上陸しようとしていた。輸送船団は四百二十隻、第七艦隊は戦艦六隻、護衛空母十八隻をふくむ戦闘艦百五十七隻、哨戒《しょうかい》掃海艇八十四隻、補給船七十三隻で、総計七百三十四隻の大攻略部隊である。

それをさらにウィリアム・F・ハルゼー大将がひきいる第三艦隊がルソン島東方海面を遊《ゆう》弋《よく》しながら支援していた。同艦隊は攻撃空母十八隻、高速戦艦六隻、巡洋艦十七隻、駆逐艦六十四隻、計百五隻の大戦闘艦隊である。

それにたいして、栗田健男《たけお》中将（海軍兵学校第三十八期）がひきいる「大和」「武蔵」「長門」ほかの第二艦隊（第一遊撃部隊本隊）は、レイテ湾の米攻略部隊撃滅をめざして、十月二十二日午前八時、ボルネオ島北西岸のブルネーを出撃、二十五日朝、レイテに突入しようとしていた。

小沢治三郎中将（兵学校第三十七期）がひきいる第一機動艦隊（機動部隊本隊）は囮《おとり》部隊となって、ハルゼーの第三艦隊を北方にさそい出し、その隙《すき》に栗田艦隊をレイテ湾に突入させようと、十月二十日午後五時、豊後《ぶんご》水道を出撃、二十四日、フィリピン東方海面に進出しようとしていた。

福留繁《ふくとめ》中将（兵学校第四十期）がひきいる第二航空艦隊（第六基地航空部隊）は、十月二十二日からマニラ、クラークフィールド方面の基地に展開している約二百五十機で米機動部隊の空母を撃破し、栗田艦隊のレイテ湾突入を成功させようとしていた。

大西が「戦局はみなも承知のとおりで、こんどの『捷号作戦』にもし失敗すれば、それこそ由々しい大事をまねくことになる。……」と言ったのは、つぎのようなことである。

「あ号作戦」と称した昭和十九年（一九四四年）六月十九、二十日のマリアナ沖海戦では日米の主力機動部隊同士が戦い、兵力が日本軍の二倍以上の米機動部隊はカスリ傷ていどの損害しかうけなかったのにたいして、日本機動部隊は正規空母五隻中の二隻と軽空母四隻中の一隻が沈没させられ、艦載機四百七十三機中の約四百機を失って完敗した。

同時に、サイパン、テニアン、グアムなどマリアナ諸島の各島基地に展開していた日本海軍基地航空部隊（司令長官角田《かくた》覚治《かくじ》中将〈兵学校第三十九期〉の第一航空艦隊）の航空兵力も、同年五月下旬には千百八十八機あったのが、海戦開始までに大部分を損耗してわずか百五十六機となり、海戦がおわった時点ではたったの五十機ていどになった。（服部卓四郎著『大東亜戦争全史』、『戦史叢書　マリアナ沖海戦』参照）

これで連合艦隊の第一線海上航空兵力と陸上航空兵力は潰滅同然となった。

そして米軍は七月十日にサイパン島、八月三日にテニアン島、八月十一日にグアム島を完全に占領した。

八月四日、豊田副武《そえむ》連合艦隊司令長官（大将、兵学校第三十三期）は「連合艦隊捷号作戦

要領」を発令した。「捷号」とは、「あ号作戦」のマリアナ沖海戦では米軍に完敗したが、つぎの米軍との決戦には勝利を得ようと念願して名づけた作戦名で、一号から四号まであった。「捷一号」はフィリピン、「捷二号」は台湾・南西諸島（沖縄・奄美）、「捷三号」は九州・四国・本州、「捷四号」は千島・北海道という各方面の作戦である。このうち日本海軍は、米軍のつぎの来攻はフィリピンと見て、とくに「捷一号作戦」に力を入れていたが、そのとおり米軍の大攻略部隊がフィリピン中部のレイテ島に押し寄せてきたのである。

米軍がレイテ島上陸に成功すれば、そこを起点として、巨大な陸海空兵力にものを言わせ、まもなくフィリピン全土を占領しよう。そうなると、日本本土と蘭印、マレー、仏印などの資源地帯をむすぶ海上交通路線（シー・レーン）は米軍の航空・海上部隊によって断絶され、日本は燃料その他の物資や食糧が欠乏し、戦争ができなくなるばかりか、生存も危うくなる。つまり、「捷一号作戦」に失敗すれば、それこそ由々しい大事をまねくことになるのである。

連合艦隊は、全力をあげて米攻略部隊を粉砕しなければならない。なかでも、レイテ湾に突入して米攻略部隊を砲・雷撃で撃滅しようという中核部隊が、「大和」「武蔵」「長門」をはじめとする栗田艦隊（第一遊撃部隊）の戦艦七隻、重巡十一隻、軽巡二隻、駆逐艦十九隻、合計三十九隻の戦闘艦隊であった。この艦隊は、米空母機の攻撃がすくなければ、損害がすくないままレイテ湾に突入し、米攻略部隊を撃滅することが可能である。しかし、護衛戦闘機が一機もついていないため、空母合計三十六隻の米機動部隊の空母機一千機以上の攻撃にさらされれば、レイテ湾に突入するまえに全滅するおそれがある。

フィリピン各地に展開した基地航空部隊は、全力で米機動部隊をたたき、多数の米空母が飛行機を発着できないようにする必要がある。

大西の第一航空艦隊も第二航空艦隊とともに、米機動部隊の空母を撃破し、栗田艦隊のレイテ湾突入を成功させようというのであった。ところが、マリアナ沖海戦で潰滅同然となった一航艦の航空兵力は、フィリピンに移って補充再建されたとはいえ、その後も消耗をかさね、いまや零戦は三十機ていどしか使えるものがなくなっていた。これでは、零戦に二百五十キロ爆弾を抱かせて体当たりするよりほかに方法はないというのである。

第一航空艦隊・第七六一航空隊・攻撃第四〇一飛行隊（銀河隊）隊長高井貞夫大尉（兵学校第六十五期）は、それについて、同期の指宿二〇一空先任飛行隊長からつぎのように聞いた。

「戦闘機がふんだんにあれば、たとえば、艦爆、艦攻、中攻などの攻撃隊九機にたいして、直掩《ちよくえん》隊十六機と、上空の制空隊十六機の戦闘機をつけて出撃し、途中、敵戦闘機隊を排除して、攻撃隊が敵艦船を雷撃あるいは爆撃する、ということがやれる。

ところが、戦闘機がすくなければ、直掩隊と制空隊にわけることができず、直掩隊しかつけられない。それでは敵の戦闘機隊は、味方の飛行機隊より上空で待ち伏せて攻撃してくるから、味方は攻撃機も戦闘機も撃墜されやすい。とくに攻撃機は、敵艦船にとりつくまえに、ほとんど撃墜されてしまう。（マリアナ沖海戦がそうだった。米艦隊は性能のいいレーダーで、日本飛行機隊を二百七十キロ前方でとらえ、戦闘機隊を九十キロ前方で待ち伏せさせ、いわゆる〝七面鳥狩り〟で日本飛行機隊のほとんどを撃墜した）

攻撃隊は敵艦船が見えるところまで行けば雷撃や爆撃ができるが、その手前で米戦闘機隊にやられるので、戦果が僅少、損害が甚大となる。

それならいっそ攻撃機隊はいらない、何機かの戦闘機が爆弾を抱き、何機かの戦闘機が掩護していけばいい。途中で敵戦闘機隊につかまり、どうしても逃げられなければ、爆弾を落として空戦をやる。

敵戦闘機のあいだを縫って敵艦船上空に達することができれば、体当たりする。体当たりするのは、戦闘機乗りでは、急降下にしても緩降下にしても、爆弾を敵艦船に命中させることが困難だからだ。

しかし、体当たりも、練度の低い搭乗員では成功しない。降下するにしたがい浮力がつくし、降下角度を深くしなければならないから、かんたんではない。体当たり直前に目をつぶり、目標からはずれることもある。

二〇一空の戦闘機搭乗員はその練度以上だ。だから零戦に二百五十キロ爆弾を抱かせて敵空母の飛行甲板に体当たりさせようとした、ということだ」

高井は、マレー沖海戦のとき、元山《げんざん》空の中隊長で中攻八機をひきいて、英戦艦「レパルス」に魚雷三本を命中させている。

従来の爆装零戦の通常爆撃はつぎのようであった。

――明日もまた零戦の爆装をもってする敵機動部隊への攻撃をおこなわねばならない。けれども、敵の防御戦闘機グラマンの大群を突破し、激烈な敵の防御砲火を真正面にうけて突撃する戦闘機隊の爆撃は勇敢ではあるが、命中率がわるく、爆弾もわずか六〇キロ二発（両翼に一発ずつ）であって、敵に大被害をあたえることができない。しかも、現在のところでは、どう考えても他に策がないのである。……にもかかわらず、敵はすでに眼前にいる。寸刻の猶予もならぬこの局面では、この二人（猪口一航艦先任参謀と玉井二〇一空副長。二人は兵学校第五十二期）でいかに研究してみても、結局のところ作戦方針の大筋は変わらなかった。――（『神風特別攻撃隊の記録』）

二〇一空の爆装零戦隊が、はじめて米機動部隊を爆撃して戦果をあげたのは、これより約一ヵ月まえの九月二十二日であった。同隊は二〇一空戦闘三〇一飛行隊の零戦五二型十五機で、指揮官は同飛行隊長鈴木宇三郎大尉（兵学校第六十八期）であった。鈴木はラバウルで幾多の輝かしい戦果をあげ、同期の鴛淵《おしぶち》孝大尉などとともに、名戦闘機乗りのひとりと言われている。無口でのっそりだが、実戦では猛牛のように戦い、部下たちから信頼されていた。

この十五機のなかには、のちに神風特別攻撃隊「ゼロ号の男」と言われるようになる久納《くのう》好孚《こうふ》中尉（第十一期飛行予備学生）もいた。久納は昭和十八年（一九四三年）十二月一日、鹿児島県大隅半島の笠《かさん》ノ原《ばら》基地（鹿屋のちかく）の第一航空艦隊第二六五航空隊、通称「狼部隊」に着任したが、そのときの飛行隊長が鈴木で、二人はそれ以来、生死を共にしてきたのである。当時久納は少尉であった。

またこの十五機のなかには、おなじく笠ノ原基地以来、鈴木、久納らと生死を共にしてきた第十期甲種飛行予科練習生の五人の一等飛行兵曹がいた。佐藤（現姓は山本）精一郎、本橋武雄、矢野川欽弥、八十川清次、街道定勝で、十八、九歳の若者たちである。彼らが笠ノ原の「狼部隊」に入隊したのも、久納とほぼ同時期の昭和十八年十二月上旬であった。

私が電話をかけた高橋保男もこのとき「狼部隊」に入った甲飛十期生のひとりで、のちに第一神風特別攻撃隊菊水隊隊員となった。

昭和十九年六月十九日、二十日のマリアナ沖海戦で、日本機動部隊は米機動部隊に完敗し、日本海軍の海上航空兵力は潰滅同然となり、マリアナ群島に配備されていた第一航空艦隊の基地航空兵力も潰滅同然となった。

サイパン島の日本軍は七月十日に全滅し、同日、マリアナ沖海戦でぼろぼろになった一航艦第二六一航空隊の「虎部隊」、第二六三航空隊の「豹部隊」、それに「狼部隊」などの戦闘機隊は解隊された。その後、各部隊の残存機はフィリピンのミンダナオ島ダバオ基地に集結し、やがて第二〇一航空隊に吸収、統合された。

第一航空艦隊は再建をはかり、戦闘機隊は第二〇一航空隊、攻撃機隊は第七六一航空隊、偵察および夜間戦闘機隊は第一五三航空隊というように新編成された。

第二〇一航空隊は司令山本栄大佐（兵学校第四十六期）、副長玉井浅一中佐、飛行長中島正少佐（兵学校第五十八期）となり、その下に、隊長鈴木宇三郎大尉の戦闘三〇一飛行隊、

隊長指宿正信大尉（前「虎」部隊飛行隊長）の戦闘三〇五飛行隊、隊長森井宏大尉（兵学校第六十九期）、九月からは菅野《かんの》直大尉（兵学校第七十期、前三四三空「隼部隊」分隊長）の戦闘三〇六飛行隊、横山岳夫大尉（兵学校第六十七期）の戦闘三一一飛行隊が編成された。

第一航空艦隊司令長官角田《かくた》覚治《かくじ》中将が八月二日、テニアン島で玉砕戦死すると、後任の寺岡謹平中将（兵学校第四十期）は参謀長小田原俊彦大佐（兵学校第四十八期）とともにダバオに急行し、八月十二日、同基地に将旗を掲げ、一航艦の指揮をとりはじめた。

しかし、その後も米空母機隊の連続的空襲で、フィリピン各地に展開した一航艦の可動機数は全機種合わせても百機ていどに激減し、爆装零戦による米空母爆撃に踏み切ることにしたのである。

九月二十二日未明、マニラ南方のニコルス飛行場に並べられた零戦は十六機であったが、それは戦闘三〇一飛行隊の定数の半分で、残りは、いままでに、米空母機との空戦や、米空母機の空襲によって失われていた。

午前四時半ごろ、全機の両翼に六十キロ爆弾が一個ずつとりつけられた。

鈴木は、搭乗員たちに、これからやるルソン島ラモン湾東方海上の米機動部隊にたいする索敵挺身攻撃について説明した。攻撃隊は第一小隊と第二小隊に分け、鈴木が第一小隊長を兼任し、久納中尉が第二小隊長となり、それぞれ別の米空母艦群を攻撃する。敵空母を発見したならば、爆弾を投下し、ついで飛行甲板上の飛行機を反復銃撃する、というものであった。

搭乗員たちはこれまで、敵機と戦い、これを撃墜するか、陸上基地に並ぶ敵機を銃撃するか、いずれかをやってきたが、敵空母を爆撃、銃撃するのははじめてで、それはまた、ひときわ決死の戦闘であった。だが、マリアナ以来、負け戦《いくさ》つづきで味方の意気が消沈しているとき、最強の米機動部隊の攻撃に参加し、敵にひと泡吹かせられるならば、男冥利《みょうり》につきると奮い立った。

午前六時、二個の小型爆弾を抱いた十六機は、つぎつぎに発進した。これから行けば、米空母が第二次空襲の攻撃隊を発艦させようとしているところにぶつかるはずである。

攻撃隊は高度六千メートルで東に針路をとった。途中、第一小隊第二区隊長長門達中尉（第十一期飛行予備学生、前「虎部隊」）がひきいる三機のうちの一機が故障発生でひき返した。佐藤精一郎一飛曹は、第一小隊第一区隊を直率する鈴木隊長機の三番機として進んだ。

ラモン湾上空に出ると、快晴で視界がよく、海面は白波もすくなく穏やかであった。索敵飛行約一時間ののち、前方水平線上にちいさく白い航跡が見えた。佐藤がそれを知らせようとすると、鈴木隊長も発見したらしく、列機に「高度を下げろ」の合図をした。

第一小隊第一区隊、第二区隊の計七機が高度を下げて接近して行くと、正規空母二隻を中心とする輪型陣で航走する米機動部隊が、南と北に二群見えてきた。空母の飛行甲板後方には、出撃まえの飛行機がずらりとならんでいる。鈴木がひきいる第一区隊四機は南の空母群、長門中尉がひきいる第二区隊三機は北の空母群を攻撃することにした。

第一区隊は、まず隊長機が降下して爆弾を投下した。しかし命中しなかった。つづいて佐藤が降下した。ところが、爆弾の投下索をいくら引いても、爆弾のとめ金がきつくて投下できない。やむをえず機首をひき上げ、高度をとり、全力で投下索を引き、爆弾を海上に落とした。そして空母に突っこんでゆき、超低空で飛行甲板に並ぶ飛行機を銃撃した。空母からは何の反撃もない。機首をめぐらし、ふたたび超低空で銃撃した。まだ反撃はなかった。

隊長機は高空でグラマンF6F戦闘機と交戦している。佐藤は三回めの銃撃に向かった。こんどは眼前が真っ暗になるほどの弾幕を突っこんで行かなければならなかった。しかし、後甲板に並んでいる飛行機群から紅蓮の焔がふき上がった。

「しめた！」

佐藤は飛び上がりたい衝動に駆られた。海面すれすれで避退して行くと、グラマンF6Fが背後から銃撃してきた。背すじを寒くしながら、右へ左へ機体をひねってかわし、機を見て大きくかわし、逆にグラマンの背後にくらいついた。狙《ねら》いを定めて二十ミリ機銃を発射すると、グラマンは白煙をひき、炎々と燃える空母の舷《げん》側《そく》に激突して海に落ちた。

佐藤は帰投しようと思い、上空を見て味方機をさがした。だが空いっぱいの黒い弾幕で何も見えない。ひとり、海を這《は》うように帰った。

一方、久納中尉の第二小隊八機は、第一小隊とは別の空母群に突撃した。同小隊第一区隊は、久納機を先頭に四機が一隻の空母に降下した。八個の爆弾のうちの一発か二発が飛行甲板に命中して炸裂した。つづいて四機は、槍《やり》ぶすまのような対空砲火の中に、銃撃を加えながら突っこんだ。先頭の久納機は銃撃をおえて避退にうつった。だが、矢野川欽弥一飛曹の二番機、八十川清次一飛曹の三番機、街道定勝一飛曹の四番機は、いずれも被弾して火を噴き、三機とも空母の飛行甲板に激突し、多数の飛行機を爆発させた。久納中尉は、胸がふさがる思いをしながら、単機でルソン島北端のアパリ基地に帰投した。

攻撃隊十五機のうち、ルソン島各地の基地へ帰ったのは十機であった。久納区隊の三機のほかの未帰還機は、鈴木区隊の本橋武雄一飛曹と、長門区隊の積山利秀二飛曹の二機であった。積山二飛曹以外の四名は甲飛十期生である。

ニコルス飛行場に着陸した佐藤一飛曹は、指揮所に走り、第二十六航空戦隊司令官有馬正文少将（兵学校第四十三期）がかたわらで聞いているところで、指揮官に戦況を報告した。その後愛機にもどって、機体を調べた。大小の機銃弾の弾痕《だんこん》が十三個あった。

佐藤はこの挺身攻撃について、

「こんな痛快な思いをしたことは、後にも先にもいちどもなかった」

と、いまも言っている。

部下三名を死なせた久納中尉は、自責の念から、重く沈みがちになった。

この日、ニコルス飛行場から宿舎に帰り、ひと休みしようとしていた佐藤は、

「ただちに一航艦司令部にきたれ」

とよび出しをうけ、迎えの車に乗り、飛行場からほどちかい、大きな二階建て住宅の第一航空艦隊司令部へ行った。おなじ第一小隊第一区隊二番機の佐藤平作上飛曹も一緒であった。

司令部の会議室に入ると、猪口先任参謀ほか参謀たちが数名いて、二人は戦闘情況について

くわしく聞かれた。

参謀たちは、挺身攻撃の成功から、零戦に六十キロ爆弾二発のかわりに二百五十キロ爆弾を抱かせ、敵空母に命中させることができれば、と考えたようである。

この「挺身攻撃」は、爆装零戦による「体当たり攻撃」の小手調べになったのである。

爆装零戦による「体当たり攻撃」へ、さらに拍車をかけたのは、昭和十九年十月十二日から十六日にかけての、台湾沖航空戦での惨敗であった。

十月十九日の大本営発表では、「轟撃沈　空母十一隻、戦艦二隻、巡洋艦若《も》しくは駆逐艦一隻」という大戦果であった。ところがじっさいには、ハルゼー艦隊で撃沈されたものは一隻もなく、重巡「キャンベラ」と軽巡「ヒューストン」が大破しただけで、味方は五百五十機以上を失った。

ハルゼー艦隊を攻撃した主力は、台風下に攻撃できる「T攻撃部隊」という陸海軍合同の最精鋭爆撃機、雷撃機約百五十機の航空部隊であった。軍令部航空参謀源田実中佐（兵学校第五十二期）の提唱で編成されたものである。しかし、米艦隊の対空捜索レーダー、防空戦闘機、全自動制御の射撃指揮装置、VT信管（飛行機の十五メートルほどに接近すると自動的に爆発する近接信管）付対空砲弾などの防御力によって、切り札ともいうべき「T攻撃部隊」もあえなく潰滅させられたのである。護衛戦闘機の弱小が最大の敗因であった。

台湾沖航空戦中、痛恨の事件が起こった。十月十三日、戦闘三〇一飛行隊長鈴木宇三郎大尉が、攻撃隊の直掩に出撃し、台湾南東岸の台東沖で戦死したのである。

鈴木隊長機はマバラカット基地（二〇一空は九月末ごろ、ニコルスからマバラカットに移動した）を出撃するときからエンジン不調で黒煙を噴いていた。整備員がいじっているうちに黒煙がとまり、なんとか使えるだろうと離陸した。鈴木がひきいる戦闘機隊は、雷撃機と爆撃機の攻撃隊を護衛して、台湾東方海面に向かった。佐藤一飛曹は隊長機の二番機であった。台湾東方上空は台風のため視界がわるく、目標地点に行っても、敵機動部隊は見えなかった。攻撃隊は帰ることにした。ところが、台湾北西岸の新竹基地に向かう途中、台湾の日本軍基地空襲をおえて母艦に帰投中の米攻撃隊とぶつかり、交戦となった。そのとき、鈴木機はふたたびエンジンから黒煙を噴きはじめ、推進力を失って降下し、激浪の海に不時着した。着水はきれいであったが、たちまち機体はさか立ちした。鈴木は風防を開き、飛行機の上に出てきた。しかし、激浪で海は泳げない。佐藤はどうすることもできず、まわりを何回か旋回した。気をとりなおし、台東港と火焼島《ホーシャオ》からの方位と距離を測り、不時着位置を確認し、台南基地に緊急着陸して指揮所に走り、鈴木の救助を頼んだ。しかし、台南基地は空襲をうけたあとで、捜索隊を出すことができなかった。また、捜索隊を出せたとしても、あの荒海では鈴木を救えるみこみはなかった。

佐藤以外の列機は、すべて新竹基地に着陸した。ところが彼らは、翌日から連日、台湾沖航空戦に出撃させられ、三日間で全滅した。鈴木を見守り、台南に着陸した佐藤だけが助かり、十月十八日にマバラカット基地に帰投したのである。

二十六航戦司令官有馬正文少将が、十月十五日、クラークフィールド基地から七六一空の一式陸攻に同乗し、台湾沖の米機動部隊攻撃に行き、戦死した。それも「体当たり攻撃」を促進したという説がある。

二十六航戦は、第一航空艦隊第二十六航空戦隊で、当時同航戦司令部はマニラのニコルスからクラークフィールドにうつっていた。このころの航空戦隊の任務は、基地の整備、搭乗員の訓練、器材の収集といったもので、その点については、戦隊司令官が、たとえば七六一空や二〇一空などを指揮するが、戦闘については艦隊司令長官が直接指揮し、戦隊司令官は指揮しないことになっていた。ただ十月十五日当日は、当時の一航艦司令長官寺岡謹平中将（兵学校第四十期）の同日付日記によると、

――当日余は在マニラの陸軍航空軍と連絡の必要上マニラに在り、在クラーク兵力の指揮を有馬第二十六航空戦隊司令官に委ねた――

とあるので、この日は有馬が飛行機隊にたいする指揮権を持っていた、と見てよいようである。とすれば、攻撃隊の飛行機に乗って攻撃に行っても、すじは通ると言える。

しかし、そこにはすっきりしないものがあった。というのは、そのとき有馬は、上司の寺岡や、部下の二十六航戦先任参謀吉岡忠一中佐（兵学校第五十七期）には無断であり、七六一空司令前田孝成大佐（兵学校第四十八期）、副長松本真実中佐（兵学校第五十二期）、飛行

長庄子《しょうじ》八郎少佐（兵学校第五十九期）らの反対意見を無視して、一式陸攻（陸上攻撃機）三機のうちの指揮官竹井改一大尉（海軍機関学校第五十期）機に乗り、出撃しているからである。

菊村到の『提督有馬正文』には、二十六航戦通信参謀古賀渥造少佐（兵学校第五十九期）から戦後聞いたものとして、つぎのようなことが書いてある。

――さて、十月十五日のことだが、その日、出撃する前に有馬は戦闘指揮所で、七六一航空隊の幹部たち（司令、副長、飛行長その他）に一つの訓示を試みた。

「これからは絶対、体当たり攻撃が必要です。体当たり以外に敵の空母を沈める方法はない。そのためには、若い士官や兵隊だけを死なせるわけにはいきません」

そういって有馬は、沈痛な表情で周囲を見渡した。

有馬はしばらく間をおいたあとで、

「そのためには、しかるべき指揮官が搭乗しなければならない。だれかいませんか」

重い沈黙があたりを支配した。

……私が乗りましょう、と名乗り出る者はだれもいなかった。それは死を意味していた。だれだって死ぬのは厭《いや》だ。

……有馬は握り拳《こぶし》をつくっている。その手が細かく顫《ふる》えているのを古賀は見た。

「だれもおらんのか」

有馬は感情が激してくると、声が甲高《かんだか》くなる。その声を押さえつけるようにして、そう言った。有馬はふだんはじつにおとなしい。低い声でやさしく喋《しゃべ》る。口調も丁寧である。

……古賀はいま、有馬を捉《とら》えている激しいものに圧倒されるのを覚えた。

「それなら私が乗ろう」

有馬は内側から溢《あふ》れるものを吐き出すように言った。——

また同書には、二〇一空の戦闘機搭乗員草野三男上等飛行兵曹（第十一期乙種飛行予科練習生）から戦後聞いたものとして、つぎのようなことも書かれている。

——草野の話では、当時、下士官や兵はどんどん死んでゆき、偉い連中ばかりゴロゴロしていたという。飛行機も減少するばかりで、疲労と混乱と苛立《いらだ》ちが基地を重たく支配していた。

下士官や兵の間には、上級の士官連中に対する多少の反感があったようだ。

……草野が戦闘指揮所でキャンバスを張った折りたたみ式の椅子に腰をおろして待機していると、有馬が、

「貴様ら佐官クラスの行動はなってないぞ」

と言いはじめた。

そのときの有馬の表情や語調には、一種の鬼気が感じられた。何か異様な感じで、有馬の気《き》魄《はく》に圧倒されて、皆（七六一空の司令、副長、飛行長その他）、黙りこんでしまっていた。

草野の話では、有馬は相当激しい口調で、佐官連中を叱《しか》りつけたという。

まわりには下士官たちもいるので、佐官たちは、具合の悪そうな表情で沈黙をまもってい

た。

　突然、有馬は椅子から立ち上がると、

「俺が模範を示す。プロペラを回せ」

　と叫んだ。

　それはかなり唐突な感じだったらしい。並みいる人たちは、有馬の激しい剣幕にのまれて呆然《ぼうぜん》としていた。止めようとする者はいなかった。——

　というようなことで、これらからすると、有馬の出撃にたいして七六一空の幹部たちは、感動せずに、むしろ反撥感を抱いたようである。

　元来有馬は飛行機乗りではなく、砲術科出身で、性格的にも生まじめなために、飛行科の士官たちとは肌が合わない。飛行科の士官たちからすれば、「空のことは俺たちにまかせりゃいい」という気持だったらしい。

　有馬は、自分の死によって、将官や佐官たちが特攻の先頭に立ってくれることを望んだようである。しかし、将官や佐官はもちろん、尉官、下士官、兵も、特攻を志願したがるようにはならなかった。

　寺岡謹平は、戦後、菊村到に、

「いや、死んでもらっては困るという気持でしたね。出撃しても、もし生還してくれたら、その方が隊員の士気はあがったでしょうね」

　と語っている。吉岡忠一は、おなじく戦後、菊村到に、

「有馬さんが自爆したことで、士気があがったとは私は思いません。飛行機乗り以外の人や内地の人には感激をあたえたかもしれませんが」

と語っている。

前記の高井貞夫は、有馬が出撃するとき、攻撃四〇一飛行隊長として飛行場にいて、有馬に自分の飛行服とライフ・ジャケットをわたしているが、昭和五十九年（一九八四年）九月四日、私に、

「有馬さんは、自分で死に時と悟ったのではないでしょうか」

と、ことば少なに語った。

山本（旧姓佐藤）精一郎は、昭和五十九年八月三十日、私につぎのように話した。

「マニラのニコルス飛行場では、戦闘指揮所の下が搭乗員の待機所で、有馬少将はよくわれわれ搭乗員のなかに下りてきて、雑談しとりました。やせ型で温厚ないいおとうさんという感じでした。

有馬少将はわれわれを見て、子どもたちばかりに戦争させて、子どもたちばかりを死なせて、という気持があったんじゃないですか。そういう気持があったんですよ」

しかし、そう言う山本にしても、有馬の死によって士気が鼓舞されたとか、特攻を志願したくなったというものではない。

ところが、海軍省報道部や当時の新聞は、有馬の戦死を花々しく報道した。昭和十九年十月二十一日付朝日新聞の一面には、

「空母へ先登の体当り、壮烈、航空戦隊司令官有馬正文少将」

という四段抜きの見出しで、有馬の顔写真入りの記事が載った。

――……南方某基地を発進した海軍攻撃隊の指揮官機には、某航空戦隊司令官有馬正文海軍少将が自ら搭乗して攻撃の指揮に当たり、……白昼堂々、全軍の先登に立って射点に進入、魚雷を発射するとともに、列機を率いて真一文字に敵制式空母の胴腹深く突入し、壮烈な体当りによって轟沈し去ったことが、このほど荒鷲《あらわし》の報告によって確認せられ、指揮官先登の烈々たる海鷲のこの闘魂に、基地はいよいよ驕敵《きようてき》撃滅の戦意に燃え立った。――

またおなじ紙面の社説は、「先登精神の華」という見出しで、こうなっていた。

――有馬少将のこの烈々たる闘志こそ、実にわが陸海の荒鷲のすべてがもつ闘志であって、かかる指揮官が陣頭に立てばこそ、初めて今次のごとき偉大なる戦果も挙げ得るのである。有馬少将に続け……それは必ずしも荒鷲のみの叫びではない。一億国民すべての念願であらねばならぬ。――

ところがじっさいには、竹井機に乗った有馬が戦死するまで何をしたのか、竹井機は米空母に魚雷を発射したのか、発射したとしてその魚雷は命中したのか、竹井機は米空母に体当たりしたのか、など、何ひとつ確認されていなかった。のちに公開された米軍の資料によると、この日、米艦船に体当たりした日本機はなく、撃沈された米空母もない。

有馬少将がすぐれた指揮官であったことはまちがいないが、あの戦死は、彼が考えたような結果を生まなかったし、また、「体当たり攻撃」を促進したというものでもなかったのである。

特攻をやろうという気運が生じた原因の一つに、決死隊の先例がある。

その代表が日露戦争の広瀬武夫中佐（兵学校第十五期）らの旅順口閉塞隊と、太平洋戦争の岩佐直治大尉（兵学校第六十五期）らの特殊潜航艇による真珠湾特別攻撃隊である。

広瀬は明治三十七年（一九〇四年）二月二十四日、第一回の旅順口閉塞隊に志願参加、ボロ商船報国丸指揮官として港口に接近、船を座礁させて生還した。ついで同年三月二十七日、第二回旅順口閉塞隊に参加、ボロ商船福井丸指揮官として港口に突入、船を予定位置に自沈させた。しかし、帰りのボートに乗りうつった瞬間、敵の砲弾に当たり、ボートの底に二銭銅貨大の肉片をのこしただけで戦死した。

閉塞隊は、ボロ商船十数隻を旅順港口に沈め、港内のロシア艦隊を封じこめようとするもので、明治三十七年五月二日の第三回まで実施されたが、旅順港口を完全に閉塞することはできなかった。しかし、その英雄的行為は陸海軍将兵と一般国民を感激させ、とくに勇敢に戦い壮烈な戦死を遂げた広瀬中佐は「軍神」と崇められ、小学生の唱歌にまで歌われる日本国民の「偶像」にされたのである。

海軍軍歌の「決死隊」はつぎのようなものであった。
一、天皇《きみ》と国家《くに》とに尽くすべく　死地につかんと希《こいねが》う　二千余人のその中に　七十七士ぞ
選ばるる（二～七　省略）

八、敵の砲火を冒しつつ　港口深く進み入り　我が船沈め帰り来し　我が忠勇の決死隊
九、ああ勇ましの決死隊　七十七士の忠勇は　我が海軍の花にして　その名薫《かお》らん万代に

小学校唱歌の「広瀬中佐」はつぎのようなものであった。

一、とどろく砲音《つつおと》とび来る弾丸《だんがん》　荒波あろうデッキの上に　闇《やみ》をつらぬく中佐のさけび
「杉野はいずこ、杉野はいずや」
（二　省略）
三、今はとボートにうつれる中佐　とび来る弾丸《たま》にたちまち失せて　旅順港外うらみぞふかし　軍神広瀬とその名のこれど

太平洋戦争の開戦劈頭、岩佐直治大尉ら十名は二人乗りの特殊潜航艇五隻に分乗、ハワイの真珠湾に潜入し、米艦隊を雷撃しようとした。

昭和十六年（一九四一年）十二月十八日、大本営海軍部はつぎのような発表をおこなった。

一、ハワイ海戦の戦果に関しては確報接受の都度発表しありたるところ、攻撃実施部隊の目撃並に攻撃後の写真偵察に依《よ》り（中略）米太平洋艦隊並に布哇《ハワイ》方面航空兵力を全滅せしめたること判明せり。……

二、同海戦に於て特殊潜航艇を以て編成せる我が特別攻撃隊は、警戒厳重を極むる真珠港に決死突入し、味方航空部隊の猛攻と同時に敵主力を強襲或は単独夜襲を決行し、少くとも前記戦艦アリゾナ型一隻を撃沈したる外、大なる戦果を挙げ敵艦隊を震駭《しんがい》せり。

……

昭和十七年三月六日には、つぎのような海軍省発表があった。

昭和十六年十二月八日布哇海戦に於て特殊潜航艇を以て布哇軍港内に突入し、偉功を奏したる特別攻撃隊に対し連合艦隊司令長官より左の通り感状を授与せられ、右の旨海軍大臣より奏上せり

感状

特別攻撃隊

昭和十六年十二月八日開戦劈頭、挺身敵米国太平洋艦隊主力を布哇軍港に襲撃し、友軍飛行機隊と呼応して多大の戦果を挙げ、帝国海軍軍人の忠烈を克《よ》く中外に宣揚し全軍の士気を顕揚したるは、其の武勲抜群なりと認む

仍《よっ》て茲《ここ》に感状を授与す

昭和十七年二月十一日

連合艦隊司令長官　山本五十六

特別政撃隊の戦死者に対し、昭和十六年十二月八日付特に左の通二階級を進級せしめられたり

（筆者註・岩佐直治大尉は中佐にというように、九名が二階級特進をした。あとの一名の酒巻和男少尉〈兵学校第六十八期〉は、艇が珊瑚礁に座礁し、失神して「捕虜第一号」となったためにはずされた）

翌三月七日の各新聞は、このニュースを一面トップで大々的に報道した。

朝日新聞は「〝大東亜の新軍神〟九勇士　ハワイ海戦の華・特別攻撃隊」、東京日日新聞は

「軍神　真珠湾強襲・特別攻撃隊の九将士」、読売新聞は「軍神〝特別攻撃隊〟九勇士」という極大活字の見出しを使っていた。そして、「特別攻撃隊」の名称については、「彼の軍神広瀬中佐の〝旅順閉塞隊〟と同様固有名詞として永く国民の記憶にとどめようためなので、岩佐中佐以下九柱の功績を称《たた》へる場合は、必ず特別攻撃隊の名称を用ゐ例へば〝特殊潜航艇〟などのごとき勝手な呼び方をして英霊を汚さざるよう国民は自戒すべきである」と解説していた。

ところで、米軍側の調査では、米戦艦「アリゾナ」の撃沈は日本航空部隊の雷・爆撃によるもので、特殊潜航艇の雷撃によるものではなかった。また、そのほかでも特殊潜航艇による被害はなかった。しかし、生還の道は講じられていたとはいえ、九十パーセント以上帰れるみこみのない決死の攻撃をやり、全滅したということが、旅順口閉塞隊とおなじように陸海軍将兵と一般国民を感激させたのであった。

このような広瀬中佐や真珠湾の九軍神と、その他の一般将兵にも、そうとうな影響をあたえていたもう一つの先例が、日本の決死隊の元祖のように言われていた楠木正成《くすのきまさしげ》であった。正成は建武三年（一三三六年）五月二十五日、後醍醐天皇の命を奉じ、手勢七百騎をひき連れ、一万余騎の新田義貞軍とともに湊川《みなとがわ》（兵庫県神戸市西部）に出陣、九州から東征してきた足利尊氏《たかうじ》の数万の軍勢と戦い、楠木軍は七十三騎となるまで奮戦したが、ついに力つき、正成をはじめとして一同は切腹して自決した。戦前正成は、後醍醐天皇に、足利軍とまともに戦っては勝てない、天皇は比叡山の山門に臨幸し、足利軍を京都に入れ、京都への兵糧道を断ち、敵が弱ったところを、新田軍と楠木軍が協同して攻めれば勝つと献策した。ところが公卿宰相の坊門清忠が、一年に二度も山門に臨幸をねがうとは不忠もはなはだしいと反対し、軍議は新田軍と楠木軍が湊川で足利軍を迎え撃つと決定した。正成は、子々孫々に武門の名を残すためには、命を奉じて討死するしかないと覚悟し、桜井の宿（大阪府三島郡島本町桜井）に十一歳のわが子正行《まさつら》をよびよせて別れを告げ、湊川に向かったのである。

死のまぎわに正成は、弟の正季《まさすえ》と、「七生まで人間に生まれて敵と戦い、敵の首を挙げたい」と誓った。広瀬中佐や九軍神たちが座右の銘にしていた「七生報国」は、ここから生まれた。

湊川の戦いは、けっきょく足利軍の大勝におわり、新田義貞は敗残の六千騎をひき連れて京都に逃げ帰り、後醍醐天皇一行は比叡山の山門に避難することになった。

これらの先例に刺戟《しげき》されて、かなりの海軍将兵が決死隊を志願するようになったのはたしかである。もっとも、広瀬中佐、真珠湾の九軍神、楠木正成のいずれにしても、戦争指導者や作戦指導者たちが、彼らを利用し、彼らにつづく者をふやそうと世論操作をしたものでもあった。また、それにのってマスコミや一部の学者、文化人がもてはやしたものでもあった。

それにしても決死隊には、わずかながらも攻撃後の生還の道が講じられていたが、これからやろうとする「体当たり」には、それがまったくなかった。

「死の踏絵」を踏まされた甲飛十期生

体当たりをやるほかないと決まった十月十九日夜の大西中将を中心とする会議のあと、二〇一空副長玉井浅一中佐は、同空本部に甲飛十期の搭乗員たちを総員集合させ、第一次神風特別攻撃隊の編成にとりかかった。

玉井がなぜ甲飛十期生に白羽の矢を立てたかが、『神風特別攻撃隊の記録』には、つぎのように書かれている。

――玉井副長の脳裡には、大西長官が体当り攻撃を口に出した時から、すでに「九期飛行練習生の搭乗員から選ぼう」という考えが浮かんでいた。九期飛行練習生と玉井副長との間には、前々から切っても切れない深い縁《えにし》があったからである。彼らが練習航空隊教程を卒業して、まだ未熟な雛鳥《ひなどり》として第一線の玉井部隊に入隊してきたのは、十八年十月、松山基地で彼が二六三航空隊（豹《ひょう》部隊）司令として飛行訓練を実施していたころであった。玉井中佐はこの雛鳥に大きな期待をよせ、魂を打込んで教育したのであるが、十九年二月訓練半ばにして、彼らはマリアナ方面に急きょ進出を命じられ、戦闘に参加してしまった。（マリアナの）テニアン、（西カロリンの）パラオ、ヤップの戦闘と、幾多の悪戦苦闘をつづけ、戦友の屍《しかばね》を乗り越えて転進また転進、八月初旬に新編の二〇一空に編成替えされて（この時玉井中佐は二六三空司令より二〇一空副長となった）比島の南部へたどりついた時は、その搭乗員の数も三分の一の約三十名になっていた。しかし彼らは、打つづく悪戦苦闘の賜《たまもの》として心身ともに鍛えられ、今ではそれこそ筋金入りの搭乗員となり、戦闘意欲もまたきわめて盛んであった。したがってこの重大事の決定にあたって、まず玉井中佐は、自然彼らに対して親が子を思う「可愛くて可愛くてたまらない」というような深い愛情を持っていて、何とかしてよい機会を見つけ、彼らを立派なお役にたたせてやりたいと考えていたし、彼らの方でも、玉井中佐には親に対するような心情を持ち、機に応じ折りに触れては、その熱情を示していたのであった。したがって、この重大事の決定にあたって、まず玉井中佐の頭に浮かんだのが彼らであったのは、むしろ当然のことであった。

そこで玉井副長は、隊長と相談して、この九期練習生の集合を命じたのであった。——

この部分を書いたのは、玉井と兵学校同期（第五十二期）の猪口《いのぐち》（のちに詫間《たくま》）力平である。

「九期飛行練習生」とか「九期練習生」と書かれているが、これは明らかに第十期甲種飛行予科練習生の誤りである。

しかし、玉井が第二六三航空隊、通称「豹部隊」の司令として、四国の松山基地から比島

まで甲飛十期生数十名を戦闘機乗りとして育成し、指導してきたのは事実である。ただ、

「玉井中佐は、自然彼らに対して親が子を思う『可愛くて可愛くてたまらない』というような深い愛情を持っていて」というのは事実かどうかさだかではない。

『散る桜残る桜　甲飛十期の記録』というB5判五百九十八ページの本がある。編集・発行は甲飛十期会で非売品である。そのなかに、「豹部隊」の隊員であった二人の甲飛十期生の、玉井についての印象がつぎのように書かれている。

――井上武は二六三空（豹）にいた、いわゆる玉井中佐の子飼の十期生の一人であるが、中佐が士官、下士官の別なく、部下の搭乗員を怒鳴ったり、しかったりしたのを一度も見たことがなかった。非常に穏やかな人であるという印象を持っていたので、信じられないことだが、最近まで玉井中佐を応召の士官と思っていたのである。

笠井智一の話では、玉井中佐は十期生に話をするときは、文字通り親が子を諭すように「お前たちは、そういうことをしてはいけないんだよ」というような調子の、嚙《か》んで含めるような話し方をしたそうである。だから豹部隊の十期生は、本当に親のように慕っていたということである。――

ただし、つづいて同書には、

――ところが二〇一空以外の隊にいた十期生、あるいは二〇一空でも豹以外から来た十期生の玉井中佐評は全く逆なのである。――

として、以下、かんばしくない玉井評がいくつかあげられている。しかしそれはのちに触

れることにして、ここでは、まず特攻隊初編成の話をすすめたい。

冒頭にもどるが、私は大分の高橋保男に電話をかけ、特攻隊が「志願」か「命令」かをたしかめようとして、つぎのようにたずねた。

「第一神風特別攻撃隊の編成について、猪口力平、中島正著の『神風特別攻撃隊の記録』には、つぎのように書いてあります。

そこで玉井副長は、隊長（指宿大尉、横山大尉など）と相談して、この九期練習生（これは明らかに十期の誤りですが）の集合を命じたのであった。玉井副長はその時の感激を次のように述べている。〝集合を命じて、戦局と長官の決心を説明したところ、感激に興奮して全員双手《もろて》を挙げての賛成である。うんぬん〟。

これはじっさいにはどうだったのでしょうか？」

「ええ、もうはっきりは覚えていないんですが、特攻をやるということはまえから耳に入っていましたから、総員集合がかかったときは、これは特攻だなと思いましたね。しかし、特攻というのが、爆弾を抱いて敵艦に体当たりするものだとは思っていなかった。

玉井中佐からのよび出しで、われわれ十期は二〇一空本部に行ったんですが、ぜんぶで三十三名でした。暗い部屋で、玉井中佐が戦況や大西長官の決意などを説明しましたが、昂奮《こうふん》もしていたので、こまかいことは耳に入りません。

〝お前たちで特攻を編成する〟

〝日本の運命はお前たちの双肩にある〟

〝お前たちの手で大東亜戦争の結末をつけるのだ〟

というようなことだけが記憶に残っています。

そのときは、体がふるえましたよ。武者ぶるいです。私は握り拳《こぶし》をぎゅうっと固め、玉井中佐の問いかけにたいして、もろ手を挙げて賛成しました。全員おなじだったようです。マリアナ以来、負け戦《いくさ》ばかりで、暗澹《あんたん》としていましたから、いい死に場所ができた、とそのときは思いました。

隊員は追って知らせるということでした。

だから、本に書いてあることはまちがいではないですね。しかし、宿舎に帰って寝るときは、おふくろや兄弟のことを考えたものです」

これを聞いて私は、あるていど納得がいくような気がした。

だが、四十代の海軍中佐が、十八、九歳の若者たちに、

「日本の運命はお前たちの双肩にある」

「お前たちの手で大東亜戦争の結末をつけるのだ」

というのはどういうことなのかと思わされた。日本の運命は、将官、佐官たちの双肩にあって、大東亜戦争の結末をつけるのは彼らではないのか、と思ったからである。

『散る桜残る桜』には、第一次神風特別攻撃隊員には指名されなかったが、この総員集合には参加した前記「豹部隊」出身の井上武の、つぎのような談話が載っている。

――玉井さんは、敵がレイテに上陸して来たというようなことを簡単に説明したあと、〝いまの状態では、とにかく貴様たちに特攻をやってもらうより仕方がない。たのむ……。〟といった。

私は玉井さんが言った「特攻隊」という言葉には特別の印象もショックもうけなかった。というのは、それまでは、決戦に備えて飛行機を温存しておこうという方針のためであったのか、そのほかの理由であったのかしらないが、とにかく上の人たちはなにかにつけて消極的であった。……われわれは松山の頃から玉井さんとは一緒だったので、わりに心易く話が出来た。〝こんなことでは敵にナメられるばかりだ。もっと積極的にうって出よう。体当り攻撃をする位でなければだめだ〟というようなことを強く訴えていた。

だからこのときも、特攻ということよりも、玉井さんがわれわれ十期生を最後の切り札にする決心をしたんだな、という感じの方が強かった。それともう一つ、体当り攻撃を命令したのがほかの人ではなく、親近感をもっていた玉井さんであったということが、私のように豹部隊から玉井さんと一緒だった十期生が、特攻にそれほど抵抗感をもたなかった原因で、これがほかの人からの命令であったならば必ずしもそうはいかなかっただろうと思う。――

「豹部隊」出身者が、すべてこの井上のように玉井に傾倒していて、特攻にもこのように平然としていたかどうかわからないが、玉井の人心収攬力《しゅうらんりょく》は、かなりのものだったのであろう。

前記の笠井智一の話によると、マリアナ沖海戦で惨敗し、豹部隊が西カロリン諸島のペリリュー島からフィリピン南部ミンダナオ島のダバオへ移動する八月ごろになると、玉井が、

「もうこうなったら体当たり攻撃をして戦局挽回《ばんかい》の突破口を開くよりほかに手がない。貴様たち十期生がそれをやるのだ」

としきりに口にするようになった。そのために笠井は、特攻の最も強力な推進者は玉井中佐だったのではないか、と言っているというのである。

ちょっとわき道にそれるが、高橋が、この夜集合した十期生は三十三名と言っているのにたいして、『神風特別攻撃隊の記録』では二十三名となっている。『戦史叢書　海軍捷号作戦(2)』も二十三名となっている。『散る桜残る桜』は、

――十月十九日現在の二〇一空の十期生は六十三名であるが、なかには内地に零戦をとりに帰っていたものもいるので、六十三名全員が総員集合に出たわけではないが、二十四名（二十三名とか二十四名と書いた本がいろいろある）より多かったことはたしかで、高橋はハッキリ三十三名だといっている。――

と書いている。こちらの方が正しいようである。

さて、この特攻隊編成は、命令か志願か、どちらによっておこなわれたのか。玉井など幹部たちは志願によるものであったと言う。これまでの経緯からすれば、そのようにも言えそうである。しかし、三十三名の若者たちをうまくその気にさせたということからすれば、純粋に志願だったとは言いきれない。

高橋保男は、もろ手を挙げて賛成した、全員おなじだったようだ、と言った。それは、積

極的に志願した、ということであろうか。

そのまえに、総員集合に出られなかった佐藤精一郎に触れておきたい。

十九日の午後、佐藤は米空母機の空襲にたいして空中待避を命ぜられ、単機で飛び上がった。鈴木隊長も戦友たちも最期を遂げ、一人ぼっちである。彼は、米軍機に一矢報いようと、その帰り道で待った。午後二時すぎ、グラマンF6F四機が現われ、たちまち空戦となった。佐藤は敵の四番機の後方にくらいつき、一撃でこれを撃墜した。自信をつよめ、つぎに二番機の後方にくらいつき、機銃の発射ノブを押した。だが弾丸が出ない。弾倉がカラになっていたのであった。飛行場を飛び立つとき残弾を確認しなかったことを悔んだが、おそかった。低空に降下し、マバラカット東飛行場の上に向かった。そこならば、敵を撃ち上げてくれるだろうと思ったのである。しかし敵ははなれない。佐藤は大きく左へ旋回した。そこを高速のグラマンが後方からすっとちかづき、流し撃ちをされた。佐藤機はエンジンに被弾して火を噴き、飛行場手前の畑に墜落し、佐藤は意識を失った。気がつくと民家の部屋に寝かされていた。火傷《やけど》と打撲傷がひどく痛み、唸《うな》るしかなかった。

佐藤がその夜の総員集合に参加しなかったのは、このような事情からであった。

二、三日後、高橋保男と宮原田賢一が見舞いに来た。そして知らせた。

「おい佐藤、特攻隊が編成されてなあ」

「どういうことだ?」

「爆弾抱いた零戦で体当たりしろと言うんだ。二十日の朝、十期で二十四名が指名されたよ」

「貴様たちもか？」

「ああ。お前のかわりには中野バン（磐雄《いわお》）が行ったぞ（中野磐雄一飛曹は、最初に指名されていた佐藤のかわりに、敷島隊隊長関行男大尉の二番機として、十月二十一日、二十三日と出撃し、いずれも敵を発見できずに帰投し、二十五日、サマール島沖の米護衛空母に体当たりした）」

「えーっ」

佐藤は愕然《がくぜん》とした。（おれのかわりに中野が特攻隊員にされて体当たりする）と思うと、胸がふさがった。自分がグラマンと戦わずに総員集合に出て、特攻隊員に指名されれば、やはり黙って行くことになったろうと思った。しかし、爆弾を抱いて体当たりするなど、納得できるものではない。あくまで戦闘機乗りとして戦いたい、中野も、ほかのだれも、ほんとうはおれとおなじにちがいない、と思った。

私は佐藤（現姓山本）に、昭和五十九年（一九八四年）八月三十日、新橋一丁目の彼の事務所で会い、当時のことを聞いたのだが、「特攻は志願だったか、命令だったか」という問いに、つぎのように答えた。

「志願ではないですよ。行けと言われたから行くことにしたんでしょう。好きこのんで志願するわけはありませんよ。だいいち私は志願できないのに指名されたんですから」

十月十九日に重傷を負った佐藤は、約一ヵ月後に全治し、ふたたび戦闘機に乗れるようになった。のちに、四国松山基地の紫電改戦闘機隊三四三空戦闘三〇一飛行隊の隊員となり、本土に来襲する米空母機隊と戦い、生き残る。

私は電話の向こうの高橋保男にたずねた。

「山本さん（佐藤）は、あのときの特攻隊編成は志願ではなくて、指名だし、自分としては特攻には反対だったということのようですが」

「彼も反対ということではなかったと思いますがね」

「行けと命令されれば行ったが、やはり、戦闘機乗りとして戦いたいと思っていた、ということです」

「それはそうですよ。だれだって好きこのんで体当たりはしたくないですよ。しかしあのときは戦局を考えて、やってやろうと思ったんですよ」

高橋の答えはかなり積極的賛成のようである。といっても、能動的に志願した、というものでもない。「やれ」と言われたから「やる」と応じた、というものである。

おなじ甲飛十期の海保博治は、この約二週間後の十一月初旬に神風特別攻撃隊員になったが、その経緯を、『散る桜残る桜』のなかで、つぎのように述べている。

――クラークフィールドの一角（南の方）にあるマルコット基地には、三四一海軍航空隊（「獅子《しし》部隊」）紫電戦闘機隊である戦闘四〇一、戦闘四〇二、戦闘七〇一の各飛行隊が展開していた。……私は戦闘四〇一飛行隊に所属していた。

　……士官、下士官搭乗員四十数名が整列した。心なしか舟木司令の口が重くひらかれた。

「……本日、諸君に集合を命じたのは、我が三四一海軍航空隊からも、特別攻撃隊（二〇一空）に搭乗員を派遣するよう艦隊司令部から要請があったからだ。

……司令として、このような命令を諸君に伝えなければならなくなったのは残念でならない。この重大な時に当り、生死を共にして戦闘に参加している諸君のうちから、とても指名することはできない。大義に殉じようとする者は志願してもらいたい。私は決して強制はしない。志願しないからといって卑怯者《ひきようもの》でもない。諸君は立派な戦闘機乗りだ。

特攻隊志願は緊急を要するのだ。そのまま数分間時間を与える。悔いのないようよく考えて決めてもらいたい」

……いままでにも、〈死〉は常に私の意識から離れたことはない。だが、それはあくまでも、戦闘行為の一部としてであった。心臓を撃ち抜かれても、愛機が火ダルマになっても、自分の腕と心に納得できるものなら悔いはない。

〈試練が、どんなに耐え難いものであっても、生ある限り戦い抜け〉が、叩《たた》きこまれた搭乗員魂であったはずだ。

〈敵グラマン戦闘機の大群を相手に、大空を血潮に染めて散ってこそ、誇り高き新鋭戦闘機紫電の搭乗員としての本懐ではないのか〉

正直に言って私は、〈自分の命を自からの手で断つ〉という気持には、どうしてもなれなかった。

だが一方では国家の運命を左右する大決戦レイテ攻防戦で万一破れることがあれば、それは祖国日本の一大事を意味する。

……尊い人命を武器にした特攻隊志願、〈俺は反対だ。俺は戦闘機乗りだ。だが我々若者がここでやらねば、祖国の運命が……そこまでやらねば勝てぬのか。自分の死、愛する祖国〉

俺はどうすべきか〈戦うか〉〈大義に殉ずるか〉静かに目をとじた。何も考えない無我の心境に辿《たど》り着いていた。

室内はシーンと静まりかえっている。カンテラの灯が仄《ほのか》にゆれた。

「よし！　私の指示に従って行動してもらう。志願者は手を挙げろ！」

藤田飛行隊長（注・これは園田飛行長が正しい）がさけんだ。

瞬間、静寂を破りサーッと風を切る音と共に全員の右手が挙がった。

無意識のうちに私の手も挙がっていたが、肉体が、魂が一瞬の決断、一瞬の動作、なにがそうさせたのであろうか。……

「よし、諸君の決意はよく分かった。あとの人選はこの司令に任せてもらいたい」

……（翌日午後）搭乗員待機所で、隊員とともに待機中、突然、要務士（少尉、地上の総務係）より声が掛った。

「海保上飛曹（十一月一日付で進級）！　すぐ本部宿舎まで行くように」ドキーンとした。

「来たか……」瞬間ジーンと胸が詰り、肌寒さを感じた。その時、自分をどうしたらいいのか、わけの分からない気持に襲われた。無言のうちに全員の眼差しが私を直視している。

私は戦闘指揮所の後方にある連絡用の小型トラックに飛び乗り本部宿舎へ急いだ。……「二〇一海軍航空隊、特攻隊派遣のことだが……、現在の我が飛行隊中、今までの戦闘経験、闘志、体調など考慮した結果、三四一海軍航空隊より責任をもって派遣できるのは貴公が一番適任であると信ずるのだが……、どうだ！　やってくれるか」（こう言ったのがだれか、不明）

頭がくらくらとした。だが私は間髪を入れず、

「ハイ。おひきうけ致します」

キッパリ答えた。

……一人でいると、どうしようもない淋《さび》しさが襲ってくる。だがこの時、死に対する恐怖は不思議と、全然感じなかった。遺書を残そうかとも思ったが、改まって書く気にもならなかった。ゴロリと横になりなんとなく天井をみつめていた……。母の顔がはっきりと映った〈笑顔で私を迎えるような眼差しで〉。――

甲飛十期の戦闘機乗りで、能動的に志願した者がいたかもしれない。それはわからないが、この海保のような心情で特攻隊員になった、あるいはならされた者が大部分だったのではないか。

『散る桜残る桜』には、こうある。

——本来ならば、特攻のさきがけとなって、見事にその踏絵の役を果した十期生は、その「論功行賞」を誇って当然であるが、未だかつてそれを世に問うたことは一度もない。——

このように彼らは、玉井副長たちが強調する「特攻志願」を「踏絵」と言っている。踏絵は喜び勇んで踏むものではない。

この特攻隊は、形は「志願」であったが、じっさいには「志願を命令する」ようなものだったのである。

指揮官関行男大尉は予定の人身御供

玉井が三十三名の甲飛十期生たちにうまく手を挙げさせ、特攻隊員が決まったあとの問題は、その指揮官をだれにするかであった。『神風特別攻撃隊の記録』では、つぎのようになる。

――玉井副長が士官室にもどってきた時は、すでに午前零時を過ぎていた。私（猪口一航艦先任参謀）は玉井副長から搭乗員たちの模様を聞いて、言いしれない感動に打たれた。しかし、この純一無垢《むく》な搭乗員をだれの手に托《たく》せばいいのか？　玉井副長との間に相談が始まった。私は言った。

「指揮官には、兵学校出のものを選ぼうじゃないか」

指揮官と考えた瞬間、玉井副長の脳裡《のうり》にひらめいたのは菅野直《かんの》（大尉、戦闘三〇六飛行隊長、前三四三空「隼《はやぶさ》部隊」分隊長）だ、菅野がいいということだったという。しかし残念ながら当時彼は、要務を帯びて内地出張中であった。

「菅野がおればいいのだがなあ！」

そうつぶやきながら、玉井副長は考え込んでしまった。

当時の指揮官格の士官搭乗員は十四、五名いたのであるが、今度の指揮官には人物、技量、士気の三拍子揃《そろ》った、もっとも秀れたものを選び出さなければならない。こうして思い悩む玉井副長の胸中に次第に現われてきたのが関行男大尉であった。

関大尉はもともと戦闘機乗りではなく、艦爆出身で、一ヵ月くらい前からひょっこり台湾からマニラのニコルス飛行場に着任してきたのであった。……菅野も兵学校の七十期、関も七十期で、どことなく性格までが似ているぞ、とそんなことも玉井副長の頭をかすめた。

……玉井副長は、隣りに座った関大尉の肩を抱くようにし、二、三度軽く叩《たた》いて、

「関、きょう長官がじきじき当隊にこられたのは、『捷号《しょう》』作戦を成功させるために、零戦に二五〇キロの爆弾を搭載して敵に体当りをかけたい、という計画をはかられるためだったのだ。これは貴様もうすうす知っていることだろうとは思うが……ついてはこの攻撃隊の指揮官として、貴様に白羽の矢を立てたんだが、どうか？」

と、涙ぐんでたずねた。関大尉は唇を結んで何の返事もしない。両肱《りょうひじ》を机の上につき、オールバックにした長髪の頭を両手でささえて、目をつむったまま深い考えに沈んでいった。身動きもしない。――一秒、二秒、三秒、四秒、五秒……

と、彼の手がわずかに動いて、髪をかき上げたかと思うと、静かに頭を持ち上げて言った。

「ぜひ、私にやらせて下さい」

すこしのよどみもない明快な口調であった。

玉井中佐も、ただ一言、

「そうか!」と答えて、じっと関大尉の顔をみつめた。

急に重苦しい雰囲気が消えた。雲が散って月が輝き出たような感じだった。

……そこで私は玉井副長に、

「これは特別のことだから、隊に名前をつけてもらおうじゃないか?」

と言って二人で考えた。その時、ふと思いついて、

「神風隊《しんぷうたい》というのはどうだろう?」

すると玉井副長も言下に、

「それはいい、これで神風を起こさなくちゃならんからなあ!」

と賛成した。

私は編成決定の報告と、隊の命名希望を持って、二階の長官のところへいった。

……大西長官はむっくり起き上がった。

「二十四名きまりました。隊長には兵学校出の関大尉を選びました」

と報告し、つづいて、

「これは特別のことですから、隊名をつけさせていただきたいと思います。玉井副長とも相談しましたが、神風《しんぷう》隊とお願いしたいと思います」

と私は申し出た。すると暗闇《くらやみ》の中で、

「うむ」
とうなずく長官の力強い気配が感じられた。
昭和十九年十月二十日の午前一時が過ぎていた。（大西の一航艦長官就任は十月二十日付）
こうして次の命令が発せられた。
一、現戦局に鑑《かんが》み艦上戦闘機二十六機（現有兵力）をもって体当り攻撃隊を編成す（体当り機十三機）
本攻撃はこれを四隊に区分し、敵機動部隊東方海面に出現の場合、これが必殺（少なくとも使用不能の程度）を期す。成果は水上部隊突入前にこれを期待す。今後艦戦（艦上戦闘機）の増強を得次第編成を拡大の予定
本攻撃隊を神風特別攻撃隊と呼称す
二、二〇一空司令は現有兵力をもって体当り特別攻撃隊を編成し、なるべく十月二十五日までに比島東方海面の敵機動部隊を殲滅《せんめつ》すべし
司令は今後の増強兵力をもってする特別攻撃隊の編成をあらかじめ準備すべし
三、編成
指揮官　海軍大尉　関行男
四、各隊の名称を、敷島隊、大和隊、朝日隊、山桜隊とす
……自室に戻った関大尉の思いは、ただ一人の母親へ、そしてまた新婚まもない愛妻のもとへ、幾度か去来したことであったろう。しかし玉井副長は、彼の身の上に関しては深く尋

ねようとはしなかった。この戦局にあって、若い戦士の自ら決した意志の前に、祈りにも似た思いを抱くだけであった。——

このように美文調でまことしやかなことが真実かどうかに疑問がある。それをこれから追っていきたい。

疑問は、戦闘三〇六飛行隊長の菅野大尉がこのときいれば彼を指揮官にしたが、いないから関大尉にした、というのがほんとうだろうか？　ということである。

同書によると、菅野は二〇一空中島正飛行長の命令で、九月末ごろから十月末まで、搭乗員たちをひき連れて、内地へ補充の飛行機を取りに行っている。

その間、十月十二日から十六日まで、台湾沖航空戦があり、十月十七日には米機動部隊空母機隊がマニラを空襲し、米艦船部隊がレイテ島東のスルアン島に現われ、米軍がレイテに上陸作戦をすることは明らかとなった。

そのころのことを中島は、つぎのように述べている。

——比島の戦闘が起こると、内地の菅野大尉は気が気ではないとみえ、ただちに帰隊したい旨の電報を打ってきた。しかし、それには取り合わず、予定通り飛行機を整備空輸してくるよう返電が発せられ、彼がやっと戦地へ帰ることができたのは、十月末であった。

……これは少し後のことであるが、何かの話のついでに彼は、

「おれが関のところをやるんだったがなあ！」

と愚痴とも羨望《せんぼう》ともつかぬ言葉をもらしたことがあった。実にあの十月十九日、彼がもし戦地に居合わせたら、玉井副長の脳裡にもまっ先にひらめいた彼のことであるから、最初の神風特別攻撃隊敷島隊の指揮官に彼はなっていた公算が大きい。否、彼が無理にでも他のものを押しのけて指揮官になっていたに違いない、と思われる。

「馬鹿言うな、先にいこうと後でいこうと、尽くす心は同じじゃないか！　貴様だって名声なんか少しも眼中には入れてはおらんだろう？」

と私が言うと、

「それはよくわかっていますが、やっぱり一番先にいきたいですものなあ」

とつぶやいていた。

彼の空戦技量は抜群であった。そしてその卓越した技量のために、彼は再三、特別攻撃隊員を熱望したにもかかわらず、隊員にしてもらえなかった。彼はどうしても援護隊や制空隊になくてはならぬ存在だったのである。――

ところがここには矛盾がある。それは、はじめに「実にあの十月十九日、彼がもし戦地に居合わせたら……指揮官に彼はなっていた公算が大きい。否、彼が無理にでも他のものを押しのけて指揮官になっていたに違いない、と思われる」と書いているのに、あとでは「彼の空戦技量は抜群であった。その卓越した技量のために、彼は再三、特別攻撃隊員を熱望したにもかかわらず、隊員にしてもらえなかった。彼はどうしても援護隊や制空隊になくてはならぬ存在だったのである」と書いているからである。

菅野が中島の命令で、内地に飛行機を取りに行かされるところから見なおしてみる。はじめ中島は、

——戦地に長くいると、何と言っても生まれ故郷の日本は恋しい。時としては親兄弟にも会うこともできる。軍人以外の日本人の姿を見ることもできる。いわゆる「内地の空気が吸える」というので、誰でも喜ぶところである。

ちょうど九月の末ごろで、比島（フィリピン）方面の風雲もあわただしくなっていたが、二、三機の大型機が夜間来襲する程度で、まだ戦闘のはじまっていない戦力準備期間であった。そこで、戦地勤務の一番長い菅野大尉を指揮官として内地へ帰そうと考え、私は彼を呼んだのである。——

として、菅野に、「貴様内地へ帰れ」と言った。ところが菅野は、

「もうじき比島方面に大戦闘が起こります。いま内地に帰ると、この戦闘に間に合わぬかもしれませんから自分は嫌です。どうか他の分隊長にかえてください」

と頑強にねばる。

「貴様のかわりに他のものを帰したら、それが戦闘に間に合わんじゃないか！　他のものは皆いちどずつ帰っていて、貴様だけがまだなのだから、帰れ」

と、言い、嫌がるのを押しつけて無理に帰した、というのである。

だが、これも文面どおりうけとれない。台湾沖と比島の戦いは、日本海軍の総力をあげての乾坤一擲《けんこんいってき》ともいうべきものである。それがまぢかと知っていて、一騎当千の飛行隊長を、

「内地の空気を吸わせる」ために、一ヵ月ちかくも戦場を離れさすだろうか、と思われるからである。

それに前記のとおり、比島の戦闘がはじまり、菅野が「ただちに帰隊したい」と電報を打ってきた（期日は不明）ときでも、とりあわずに、予定どおり飛行機を整備空輸してくるよう返電している。そして、「彼がやっと戦地へ帰ることができたのは、十月末であった（期日不明）」という。

これを見ると、神風特別攻撃隊が編成され、出撃するまで、だれかが、あるいは何人かが協議して、菅野を現地からひきはなし、特攻隊指揮官にしないようにした、と思わされるのである。

一方、関行男大尉はどのようにして二〇一空配属となり、同空で何をしていたのか。

関は昭和十九年四月、霞ヶ浦海軍航空隊で兵学校第七十三期の飛行学生（第四十二期）の教官であった。当時中尉である。五月一日、大尉に進級し、五月二十六日、渡辺満里子《まりこ》と結婚した。同年九月四日、台南（台湾南西部）海軍航空隊艦爆隊分隊長兼教官に発令され、横須賀海軍航空隊に艦爆の先輩である高橋定《さだむ》少佐（兵学校第六十一期）を訪問してから、九月十日ごろ台南空に着任した。同空で関は、実用機教程の予科練出身訓練生たちに、九六式艦爆（艦上爆撃機）を使って教えた。

冨士（旧姓宮地）栄一（兵学校第七十二期）は、当時少尉の艦爆乗りで、同空艦爆隊の飛行隊士兼教官をしていたが、宮地が霞空《かすくう》での第四十一期飛行学生教程を七月末に卒業し、同空に着任したのは八月はじめで、その約一ヵ月後に関が着任したのである。宮地はその後、関が分隊士らとともに裸のマワシ姿で、予科練出身の訓練生たちと相撲を取っているのを、何回か見かけた。宮地は関と気が合い、夜は、宮地が勝手知ったアナ場へ関を連れて行き、二人で飲み遊んだ。九月十五日、宮地は中尉に進級した。

九月末ごろ（ではないかと思うと冨士は言う）、搭乗員総員集合がかかり、一同は講堂にあつまった。司令高橋俊策大佐（兵学校第四十八期）は、

「妻帯者と一人息子はここから出るように」

と言った。しかし、だれも出て行かなかった。五月末に結婚して四ヵ月の関も出て行かなかった。この当時はすでに、だれもが、そろそろ特攻がはじまるということを知っていたのである。ついで高橋司令は、要旨つぎのような話をした。

「海軍はいよいよ特攻をやることになった。志願する者は、あとで、上司に直接志願書を出してもらいたい。ただしこれは、あくまでも志願である」

解散後、宮地は事務用箋に、「特攻を志願します　海軍中尉宮地栄一」と書き、ハンコを押し、それを持って、飛行長寺島美行少佐（兵学校第五十八期）の私室へ行った。すると、その前で、関とバッタリ会い、二人は顔を見合わせて笑った。宮地が、

「いよいよくるべきものがきましたな、出しましょうや」

と言い、揃って、「特攻志願書」を寺島飛行長に提出した。

十月十日ごろ、宮地は、内地に飛行機を取りに帰ることになった。そのとき関から、関の新妻にとどけてもらいたいと、台湾産のコンパクトを預った。内地に帰った宮地は、自分の父親にコンパクトをわたし、関夫人にとどけてくれるように頼んだ。だが、すでに台湾沖航空戦がはじまり、彼はぐずぐずしていられず、十月十四日ごろ台南空に帰着した。このとき関が同空にいたかどうかは、冨士（宮地）は覚えていない。

余談になるが、コンパクトは、すぐには関夫人にわたらなかった。というのは、宮地の父親が、それを持って鎌倉の関宅を訪ねたのだが、家が見つからず、そのまま預っていたからである。それが、昭和十九年十月二十八日、海軍省が神風特別攻撃隊敷島隊の体当たり攻撃を発表し、翌日の各新聞が一面トップで大々的に報道したために関の家がわかり、ふたたび鎌倉に行き、関夫人にわたすことができたというのである。（昭和五十九年〈一九八四年〉九月十一日、冨士の談話）

関は、台南空を去る直前、同空艦爆隊飛行隊長戸塚浩二大尉（兵学校第六十九期）、同分隊士砂原篤三郎少尉（操練第十九期）らに送別会をしてもらった。場所は台南の料亭一筆《ひとふで》（通称ワンペン）。そのときのことが、『神風特別攻撃隊「ゼロ号」の男』（大野芳著）にはこう書いてある。

――そのとき、戸塚大尉と関大尉の会話の中に、こんなやりとりがあった、と砂原氏はいう。

「特攻隊というが、考え方がふた通りありましてな。決死隊のような攻撃と、爆弾抱いて突っこんでいくのと。戸塚隊長が〝爆弾抱いていくんじゃろうか〟と聞いとりましたな。関大尉は〝手紙を書いて知らせる〟ちゅうておられました。あとになって隊長にハガキがきよりまして〝その通り〟とだけ書いてありましたな」——

この送別会が何日かは不明である。

しかし関は、鈴木宇三郎大尉が十月十三日に戦死したため、その後任として二〇一空に行ったのではない。というのは、前記佐藤精一郎一飛曹が、

「鈴木大尉から、関大尉が来るということは十月はじめごろ聞かされていた。実際に見かけたのは台湾沖航空戦に出る（十月十三日）ごろだったように思う。それも見かけただけで、関大尉が二〇一空の搭乗員に降爆を教えたことはない」

と言っているからである。（『散る桜残る桜』）

ついでだが、『散る桜残る桜』には、つぎのように書かれている。

——第一神風の指揮官となった関行男大尉が艦爆乗りであったことはよく知られている。艦爆乗りが戦闘機隊に配属されるのは異例のことである。その関大尉が零戦隊である二〇一空に来たことについては、零戦による降爆訓練のためであると公表されているが、搭乗員のあいだでは、特攻の指揮官として呼ばれたのだという見方が圧倒的であった。——

関大尉は十月十一日から十三日のあいだに二〇一空に来た。ところが鈴木大尉が戦死したので、その後任として戦闘三〇一飛行隊長になったというのが事実のようである。

『神風特別攻撃隊の記録』では、十月十九日夜ふけ、はじめて関が玉井副長によって特攻隊指揮官候補にあげられ、猪口がそれに同意したようになっている。筆者は猪口である。

——関大尉はもともと戦闘機乗りではなく、艦爆出身で、一ヵ月くらい前にひょっこり台湾からマニラのニコラス飛行場に着任してきたのであった。しかし毎日の出撃と敵の空襲に対する応戦で暇のない玉井副長は、彼とゆっくり話をする時間もなく、一日、二日と過ぎていった。すると彼は、戦闘の暇を見て、熱心に戦局に対する所見を申し出て、速かに戦闘への参加を要求しはじめたのである。しかもそれが一度や二度ではなく、再三再四に及んだので、着任後まだ日が浅いにもかかわらず、玉井副長の脳裡には「この先生なかなか話せる男だわい」という気持が、早くも沁《し》み込んでいたのであった。菅野も兵学校の七十期、関も七十期で、どことなく性格までが似ているぞ、とそんなことも玉井副長の頭をかすめた。

「どうだろう、おれは関を出してみようと思うんだが？……」

と、玉井副長は私に言った。私は兵学校の教官時代に接した関生徒の面影を思い出しながら、関大尉について、玉井副長の概略の話を聞き、

「よかろう」

と、この人選に同意したのであった。——

しかし、着任して十日もたたない関が、「一ヵ月くらい前にひょっこり台湾から」と言うのは、猪口や玉井らが知らないうちにやって来たと、とぼけているとしか思えない。「速かに戦闘への参加を要求しはじめた」と言うが、どのようなやり方の戦闘（たとえば二百五十

キロ爆弾を抱いた戦闘機による降下爆撃、反跳爆撃、あるいは体当たり攻撃など）なのかが不明である。

また猪口は、「今度の指揮官には人物、技量、士気の三拍子揃った、もっとも秀れたものを選び出さなければならない」と書いているが、関は、人物、士気では人後に落ちないにしても、技量の点からすれば、菅野、あるいは指宿大尉、横山大尉の方が明らかに上である。それに戦闘機隊の二〇一空からすれば、いなくてもいい艦爆乗りである。

関の飛行経歴はつぎのとおりであった。

昭和十八年（一九四三年）一月・第三十九期飛行学生（霞空《かすくう》）、昭和十八年八月・艦爆実用機教程（大分県宇佐空）、昭和十九年一月・第四十一期飛行学生操縦教官（霞空）、同年九月・台南空艦爆隊分隊長兼教官、同年十月・二〇一空戦闘三〇一飛行隊長。この間、実戦の経験はない。

九月末、関と一緒に「特攻志願書」を提出した宮地中尉は、第一回指揮官としては若すぎたためか、あるいは通常の艦爆搭乗員として最適と見られたためか、特攻隊には回されなかった。彼は十月末ごろ、横須賀海軍航空隊大分分遣隊に転出し、新鋭艦爆流星のテスト・パイロットになった。

こうしてみると、関が十月十九日夜、はじめて玉井副長に特攻隊指揮官候補にあげられたというのは事実ではなくて、前から定められていたというのが真実であろう。

猪口が、「自室に戻った関大尉の思いは、ただ一人の母親へ、そしてまた新婚まもない愛妻のもとへ、幾度か去来したことであろう。……若い戦士の自ら決した意志の前に、祈りに似た思いを抱くだけであった」と、思いやりがあるように、しかし自分らには責任がなく、関ひとりの責任であるかのように書いていることについては、つぎのようなことがある。

第一航空艦隊副官の門司親徳主計大尉は、自著『空と海の涯で　第一航空艦隊副官の回想』にこう書いている。

――三、四分で長官と猪口参謀は部屋を出て来て、二人とも階段を降りて行った。私は暗い中のベッドの上に半身を起こした。しばらく、耳をすまして階下の様子をうかがったが、長官はなかなか上って来ない。私は脱いでいた半長靴を穿《は》き、上着をつけると、階下に降りて行った。士官室兼食堂には、暗い灯がついていた。

私が、そっとドアを開けて入って行くと、

「まだ起きてたのか」

と副長がいった。士官室には、長官、猪口参謀、玉井副長の他に、二、三人の士官が坐《すわ》っていた。私は端の方に腰掛けた。

猪口参謀が一人の士官に、

「関大尉はまだチョンガーだっけ――」

と言った。私は、その時、初めて関大尉に会ったのである。髪の毛をボサボサのオールバックにした痩《や》せ型の士官であった。彼は、

「いや」

と言葉少なに答えた。

「そうか、チョンガーじゃなかったか」

と猪口参謀がいった。この人が決死隊の指揮官に決められた人だと思った。そして、この会話で、今度の決死隊が、ただの決死隊でないことを悟った。――

「特攻志願書」を提出した関が、心から特攻を志願していたかどうかは、玉井に口説かれたときの様子や、翌二十日夜、バンバン川の川辺で、同盟通信記者の小野田政につぎのように語ったことから、およそ察しがつこう。

「報道班員、日本もおしまいだよ。僕のような優秀なパイロットを殺すなんて……僕なら、体当たりしなくても五十番（五百キロ爆弾、艦爆が搭載する）を命中させて帰る自信がある。僕は天皇陛下のためとか、日本帝国のために征《い》くんじゃない。最愛のKA《ケイエイ》（かかぁ、妻）のために征くんだ」

関も純粋な「志願」ではなく、「志願を命令される」ようにして特攻隊指揮官になった、というのが真実であろう。

『神風特別攻撃隊の記録』には、玉井副長が、「菅野がおればいいのだがなあ！」と言ったとある。これだけ見ると、菅野がいれば、菅野を指揮官にしたにちがいない、と思わされる。

しかし、戦闘機乗りばかりの二〇一空に、艦爆乗りの関が、たったひとり、十月十一日すぎから入っていることは、玉井も百も承知のはずである。それを、「菅野がおればいいのだがなあ！」と書いたのは、玉井が、菅野ならば口説きやすいし、すぐ承知してくれるだろうが、関ではかんたんにはいかないかもしれないということであったか、あるいは、読者に、ここに来てはじめて関を特攻隊指揮官にすることにしたのだ、と思わせるためのフィクションであったか、どちらかのようである。

関らの第一神風特攻隊が突入したすこしのち、菅野は、「おれが関のところをやるんだったがなあ」と愚痴とも羨望ともつかぬ言葉を洩《も》らした。中島正二〇一空飛行長が、「馬鹿言うな、先にいこうと後にいこうと、尽くす心は同じじゃないか！　貴様だって名声なんか少しも眼中に入れてはおらんだろう？」と言うと、「それはよくわかっていますが、やっぱり一番先にいきたいですものなあ」とつぶやいていた、と中島は述べている。

たしかに、菅野が内地に行かずにマバラカットにいて、玉井か中島が「特攻に行け」と言えば、菅野は承知したであろう。しかし、菅野がマバラカットにいないようにしたのは、中島か、あるいは中島と玉井か、あるいは中島と玉井と猪口であった。

だから中島がこのようなことを書いたのも、菅野が内地に行っていたのは偶然で、マバラカットにいれば、関ではなくて菅野が一番先に行ったろう、と読者に思わせるための技巧のようである。

『散る桜残る桜』にはつぎのようなことがある。

――（菅野直大尉は、）第一神風の実施が発表されたとき（十月二十八日）は、零戦を取りに鈴鹿に行っていた。笠井智一も一緒にいたが、特攻実施の話を聞いたとき菅野大尉は、

「しまった！　俺が居たらば、行ったのになあ……」と叫んだ。その顔は、自分の留守中に、部下を死に追いやった悔恨と悲痛にゆがんだ。このときの空輸は数次にわかれて零戦を運んだのだが、菅野大尉は空輸指揮官として最後の空輸でマバラカットに帰った。高橋良生（保男ではない。前二五三空）も菅野大尉と一緒の空輸員になった。

マバラカットに下り立った大尉は、早速空輸員を整列させて、

「われわれは今まで内地に行って、少し休養をしてきた。その分だけこれから一層張切って戦わなければならない。ただし、特攻は最後の最後のものだ。俺の隊（戦闘三〇六飛行隊）からは、絶対に体当たり機は出さない。そのかわり今後の出撃には落下傘を着用しない」

といって、事実そのとおりにしたそうである。――

宮崎富哉大尉（兵学校第七十期）は、昭和二十年（一九四五年）二月はじめから三月中ばごろまで、松山の三四三空戦闘四〇二飛行隊（零戦）の分隊長をしていた。当時菅野は同空戦闘三〇一飛行隊（紫電改）長であったが、二人は兵学校当時から親しかったため、この間同室で居住し、宮崎は、菅野が関や特攻隊について、寝物語りに語るのを聞いた。

「関は台南空の士官室で、〝このように戦況が逼迫《ひっぱく》しては、戦術的には体当たりでやるほかない〟と言っていたらしい。それが二〇一空の幹部に伝わり、ひっぱられることになったのではないか。

特攻志願者を募るときは、志願の形はとっていたが、じっさいには指名のようなものだった。ある幹部は、〝もし特攻に行きたくないという者がおれば、ぶった斬ってやる〟と言っ

ていた」

宮崎は菅野について、私に、

「菅野は特攻に批判的だった。とくに志願のさせ方、人選の仕方について、問題があると言っていた。彼自身は、戦闘機乗りとして戦うのを誇りにしていたから、すすんで特攻を志願するという気持はなかったと思う。しかし、上から行けと言われれば、やはり行ったでしょう」

と語った。（昭和五十九年〈一九八四年〉九月十一日の談話）

関は、おそくとも十月十一日すぎに台南空から二〇一空にうつるとき、すでに第一神風特別攻撃隊指揮官に予定されていたというのが真相のようである。では猪口、中島が、なぜそれをかくしたがったのであろうか？

そのひとつは、菅野その他の有能な飛行隊長を温存し、よそ者で技量の高くない関を人身御供にしたと言うと、ぐあいが悪くなるからであろう。

もうひとつは、特攻隊編成が大西によってはじめておこなわれたと言えなくなり、すべてを大西の責任にすることができなくなるからであろう。

しかし、昭和四十七年（一九七二年）六月十日に発行された『戦史叢書　海軍捷号作戦(2)』は、おそくても十月十三日には、大本営海軍部（軍令部）も、すでに神風特別攻撃隊の編成、発動を了承していたことを明らかにしている。

——一航艦司令長官の予定者となった大西中将（十月五日、一航艦司令長官の後任予定者として、軍需省航空兵器総局総務局長であった大西中将は、南西方面艦隊司令部付に発令された）が、やむを得ない場合には応急的体当たり攻撃を行なうことを海軍部に伝えてその了承を得ていたことは十月十三日海軍部の源田実参謀が起案した次の電報起案が残っているところからみて、間違いないといえる。（大西中将は九日東京発、十二日比島到着の予定であった）

神風攻撃隊ノ発表ハ全軍ノ士気昂揚《こうよう》並ニ国民戦意ノ振作ニ至大ノ関係アル処　各隊攻撃実施ノ都度純忠ノ至誠ニ報ヒ攻撃隊名（敷島隊、朝日隊等）ヲモ併セ適当ノ時期ニ発表ノコト取計ヒ度処　貴見至急承知致度（後略）——

それにしても、猪口が十月十九日夜、「ふと思いついて」はじめて口に出したという「神《しん》風《ぷう》隊」とか、同夜に決定された各隊の名称のうち「敷島隊」「朝日隊」が、十月十三日に源田参謀起案の電文案にそっくり書かれているというのは奇怪というほかない。

『戦史叢書』の筆者は、

——当時、一航艦首席参謀猪口力平中佐……の戦後の回想によると、「神風」なる呼称は同中佐の提案になる「神風《しんぷう》隊」を大西中将が承認し、且つ「敷島」等の隊名は中将自身がつけたという。現地側の「神風《しんぷう》」と海軍部の「神風」とは偶然の一致であったのかも知れない。

——

と書いている。

しかし真相は、十三日以前に軍令部は何もかも知っていて、一航艦の猪口先任参謀、二〇一空の玉井副長と気脈を通じ、特攻隊編成をすすめていたのではないか。ちなみに源田と猪口と玉井は兵学校第五十二期の同期生である。関と甲飛十期生たちは、そのために予定された人身御供だったとしか考えられない。

大西長官の特攻訓示

昭和十九年（一九四四年）十月二十日、朝食後、大西は、二〇一空本部の庭に集合した関と甲飛十期の搭乗員二十四名に訓示をした。甲飛十期の二十四名は、昨夜集合した三十三名のうち、体当たり機特攻隊員に指名された者たちであった。

『神風特別攻撃隊の記録』では、そのときの様子がつぎのようである。

――関大尉を右先頭にして、敷島、大和、朝日、山桜の隊員二十四名（関をのぞいて二十四名ならば正しい）が四列に並び、玉井中佐と門司副官が陪席した。長官は隊員をじっと見渡していたが、きょうはさすがの勇将も少し青ざめ、引締まった口もなかなか重そうであった。

「日本はまさに危機である。しかもこの危機を救いうるものは、大臣でも、大将でも、軍令部総長でもない、もちろん、自分のような長官でもない。それは諸子のごとき純真にして気力に満ちた若い人々のみである。したがって、自分は一億国民にかわって皆にお願いする、どうか成功を祈る」

話がすすむにつれて、いくぶんふるえているらしかった。

「皆はすでに神である。神であるから欲望はないであろう。が、もしあるとすれば、それは自分の体当りが無駄ではなかったかどうか、それを知りたいことであろう。しかし皆は永い眠りにつくのであるから、残念ながら知ることもできないし、知らせることもできない。だが、自分はこれを見とどけて、必ず上聞に達するようにするから、安心していってくれ」

そして最後にまた、「しっかりたのむ」と言って涙ぐんだ。

……私はこれほど深刻な訓示を知らない。これは青年の自負心をあおる言葉でも、それに媚《こ》びる言葉でもなかった。事実、日本はこれら身を殺して国難に殉じようとする青年の行為にのみ、その運命を托《たく》していたのである。実際、大臣や大将や軍令部総長や司令長官に、この圧倒的兵力を打破し、回天の端緒をつかむどのような行為を期待しえよう？　もはやこれら青年将兵の純一無垢《むく》な精神と、その精神の潔癖を保持しようとするみずみずしい気力をおいて、他に奇跡の現われようはずがないのだ。

訓示を受けて立ち去ってゆく隊員の姿には、みずからの意義と力を知るものだけがもつあの沈着と生気が漲《みなぎ》っていた。——

副官であった門司の『空と海の涯で』には、こう書かれている。

——訓示の途中、長官の体は小刻みに震え、その顔が、蒼白《あおじろ》くひきつったようになった。聞いていて、涙が出そうに眼の底がうずいたが、涙は出なかった。甘い感激ではなく、もっと行くところまで行った突き詰めた感じであった。稲垣カメラマンも、映画を撮らずに長官の訓示を直立して聞いていた。

チグハグな感じがなく、純一な雰囲気であったのは、長官が自分は生き残って特攻隊員だけを死なせる気持がなかったからに違いなかった。はっきりした言葉には出なかったが、それは私にも分かったし、搭乗員にはもっと敏感に伝わったようである。命ずる方と命ぜられる方にズレがなかった。

……長官は訓示が終わると、台から降りて一人一人の手を握った。彼らは、はにかんだような顔をして手を出していた。……長官は、一人一人に時間をかけて、握手をして廻《まわ》った。

——

これにたいして、甲飛十期の搭乗員たちは、大西の訓示をどう感じたかというと、じつのところ、とくに感じなかったらしい。高橋保男は、ここに参列して大西の話を聞いたひとりだが、「何か印象に残っていることがありますか」、とたずねると、

「それが、あのときのことはぜんぜん覚えていないんですよ」

と答えた。大西についての印象も残っていないというのである。

『散る桜残る桜』には、

——『神風特別攻撃隊の記録』の著者はその序文で、「神風特別攻撃隊という名は、今やひろく特別攻撃隊に冠せられているが、純粋の神風特別攻撃隊は、やはり大西長官指揮下のものであったと思われる。なにをもって『純粋』というかとなればいろいろ議論もあろうが、

そこには命ずるものと命ぜられるものとの間に、間髪を容れる余地もない渾然《こんぜん》たる一致と融和があった。云々《うんぬん》」といっている。これは大西長官と第一線指揮官の間ではそういえるかも知れないが、第一神風の場合は、大西長官は着任してきた早々で、十期生と大西長官との間に渾然たる融和があったとはいえまい——。

とある。また同書では、大西の訓示にぜんぜん触れていない。

猪口や門司が書いたことは、甲飛十期の搭乗員たちにそれほどあてはまるものではなかったようである。

第一神風特別攻撃隊の体当たり機搭乗員に指名された甲飛十期の二十四名は、つぎのとおりであった。

前二六三空「豹《ひょう》部隊」（司令玉井浅一）
　石岡義人、木村繁、谷暢夫、中瀬清久、広田幸宣、山沢貞勝
前二六五空「狼《おおかみ》部隊」（飛行隊長鈴木宇三郎）
　磯川質男、加藤豊文、滝沢光雄、高橋保男、中野磐雄、宮原田賢一、宮川正
前三四三空「隼《はやぶさ》部隊」（隊長菅野直）
　移川晋一、上野敬一、大坪一男、勝又富作、崎田清、塩田寛、山下憲行
前二五三空
　木村幸男、松村茂
前二五四空

野並哲、藤本寿

第一神風特別攻撃隊のうち、十月二十日朝編成されたのは、指揮官関大尉の下、敷島、大和、朝日、山桜の四隊で、そのときの編成はつぎのとおりであった。

敷島　関行男大尉、中野磐雄、谷暢夫、山下憲行
大和　中瀬清久、塩田寛、宮川正
朝日　上野敬一、崎田清、磯川質男
山桜　宮原田賢一、滝沢光男、藤本寿

敷島隊の二番機は、はじめ佐藤精一郎とされていたが、重傷で寝ていたので、中野にされたものである。くりかえすが、重傷で寝ていて志願できなかった佐藤が指名されていたというのは、この特攻隊の編成が、形は志願でも、じっさいには指名であったし、前もって定められていたことを示すものである。

この四隊に編入されなかった十二名は、予備員として菊水隊に編入された。

神風特攻隊として戦死した者は、体当たり機、直掩《ちょくえん》機の別なく特攻戦死として連合艦隊告示で発表されるようになる。

大西長官が「神兵の儀式」をとりおこなうと、ねらいどおりはこんだことに意を強くした二〇一空の幹部たちは、特攻隊増員にのり出した。

特攻隊員募集は、十月二十日からただちに各基地でおこなわれた。フィリピン中部のレイテ島西隣りのセブ基地では、この日夕刻、中島飛行長が総員集合をかけて、特攻隊の志願を

よびかけた。

「私は当セブ基地において神風特別攻撃隊員の編成を命ぜられてきた。したがって、これからただちにその編成にとりかかる。下士官搭乗員は、用紙を八つに切ったものに、特別攻撃隊員を志願するものは等級氏名を書き、志願せぬものは白紙を、それぞれ封筒に入れ、先任搭乗員はこれをまとめて、本日午後九時に私の手許《てもと》まで持ってこい。

……身の廻りの整理ならびに内地の家族状況から考えて、いますぐ特攻隊を志願できないものもいることだろう。……今から三時間ばかりあるから、このことをよく考えて、他人に関せず、思うままに書いてきてほしい。……」

まもなく久納好孚中尉が中島を私室にたずね、

「私が特攻隊から除外されることはないでしょうね」

と言って、特攻参加を確認した。

午後九時すこしまえ、国原千里少尉（乙飛第五期）が中島をたずね、

「准士官以上もひとり残らず熱望です」

と言い、中島を感動させ、満足させた。

午後九時、先任搭乗員が二十余の封筒を持参し、黙って中島にわたし、そのまま出て行った。ひとつひとつひらいてみると、白紙が二枚あった。それは、のちに調べると、二人とも病気中で、飛行不能なのであった。

大西瀧治郎中将が第一航空艦隊司令長官に就任したのが、この日、十月二十日である。彼は、関大尉、甲飛十期二十四名の特攻隊編成をおわり、そのあと敷島隊の隊員たちをバンバン川原に慰問し、夕刻、マニラの一航艦司令部に帰った。その夜、前任者で兵学校同期の寺岡謹平中将と長官の交代をおこなった。

十月十八日から二十日にかけての寺岡日記には、つぎのようなことが書いてある。

――……十月十八日捷《しょう》一号作戦は発動された。

……ここに大西中将の決断の体当たり戦法が物を言う時機が到来したわけである。

……「先《ま》ず戦闘機隊の勇士で編成すれば、他の隊も自然これにつづくであろう。航空部隊がこれを決行すれば、水上部隊もまた其の気持になるであろう。海軍全部がこの意気でゆけば、陸軍もつづいて来るであろう」

などの話が出て、けっきょく必死必中の体当たり戦法以外には国を救う方法はないという結論に達した。（大西は十月十七日午後マニラに到着、同夜、寺岡と実質的なひき継ぎをし、十八日、寺岡に体当たり戦法を話したものらしい）

……しかして特別攻撃隊に関行男大尉が出たことを大西中将は非常に喜んでいた。

それは海軍兵学校出身であるからである。（大西が事前に特攻隊指揮官候補として関を知っていたかどうかは不明である。だが、第一神風特別攻撃隊指揮官は兵学校出身でなければならないと考えていたことはたしかである）

……二十日夕刻大西中将はクラーク基地からマニラ司令部に帰って来た。

「隊員は非常な張切り振りで、極めて好結果をもって編成が出来た。『隊の方で万事やるから委せてくれ』というので、隊にやらせることにした」と極めて満足裡《り》に神風隊結成の模様を語った。そして午後八時、長官の交代を行ない、余は強く其の成功を祈り、彼は誓って成功を期したのであった。……――

十月二十一日午前九時すぎ、関行男大尉を指揮官とする敷島隊、朝日隊、山桜隊がマバラカットを発進、レイテ東方の米機動部隊攻撃に向かった。しかし敵を発見できず、朝日隊の磯川質男一飛曹機をのぞき、全機帰投した。磯川は不時着地点から一ヵ月歩いて、十一月下旬、マバラカットに生還する。

同日午後四時四十五分、久納好孚中尉を指揮官とする大和隊爆装零戦二機と直掩一機がセブを発進、レイテ東方の米機動部隊攻撃に向かった。

しかし天候が悪く、うち二機は敵を発見できず、帰投した。久納機だけが帰らなかった。

同中尉は出撃まえに中島飛行長に言っていた。

「私は空母が見つからなかったら、レイテに行きます。レイテに行けば、目標はかならずいますから、決してひきかえすことはありません」

戦果は不明で、米軍もこの日の被害は何も発表していない。ただ、米軍徴用商船の被害は未発表なので、久納機はレイテ湾の米輸送船に体当たりしているかもしれない。

第一神風攻撃隊の第一号は、最初の戦死ということからすれば久納中尉が第一号であった。

しかし、一般に関大尉が第一号とされたために、久納中尉は「ゼロ号の男」と言われるようになった。

二十二日、マバラカットから山桜隊四機が出撃したが、天候不良で全機帰投した。同日、若桜隊が新編成された。

二十三日、朝日、山桜隊は、レイテに近いミンダナオ島のダバオ基地に進出した。

同日、菊水隊、葉桜隊が新編成された。

同日、セブからレイテ東方の米機動部隊をめざして大和隊二機が出撃したが、うち一機はエンジン不調でひきかえし、佐藤馨上飛曹機が帰らなかった。これが戦死第二号である。

同日、関大尉の敷島隊は、マバラカットを出撃したが、また敵を発見できず、全機帰投した。

二十四日、新編成の菊水隊もダバオ基地に進出した。高橋保男一飛曹機も同隊の一機であった。

二十五日、午前六時三十分、爆装三機、直掩一機の菊水隊がダバオを発進、レイテ東方の米機動部隊に向かった。爆装の一機が高橋機であった。ところが同機は離陸後、脚が入らなかった。やむなく着陸して修理し、おくれて発進する爆装二機、直掩二機の山桜隊に、直掩機として合流した。

朝日隊の爆装二機は、菊水隊とともに発進、おなじくレイテ島東方の米機動部隊に向かった。

午前七時四十分、菊水隊、朝日隊の爆装四機は、米護衛空母「サンティー」と「スワニー」に突撃し、一機ずつが、それぞれ「サンティー」と「スワニー」に体当たりした。「サンティー」では乗員十六名が戦死し、二十七名が負傷した。「スワニー」は中破し、多数の死傷者を出した。戦果を確認されたものとしてはこれが最初であった。

同日、関大尉が指揮する爆装五機、直掩四機の敷島隊は午前七時二十五分、マバラカットを発進、レイテ東方の米機動部隊に向かった。同隊に彗星《すいせい》艦爆一機が同行した。また同日、爆装二機、直掩二機（この一機が国原千里機）の大和隊は午前九時、セブを発進、レイテ東方の米機動部隊に向かった。

午前十時四十五分ごろ、敷島隊、彗星、大和隊の爆装八機は、あいついで米護衛空母群に突撃し、うち一機が「セント・ロー」に命中・撃沈、二機が「カリニン・ベイ」に命中・大破、一機が旗艦空母「キトカン・ベイ」に命中・中破、一機が「ホワイト・プレインズ」の舷側《げんそく》に落ちて船体を破損させた。

高橋一飛曹機が加わった山桜隊は、爆装機を見失い、直掩三機は午前十時二十分、ルソン島南東部のレガスピー基地に帰投した。

同日午後一時ごろ、大西はマニラの一航艦司令部で、セブ基地の中島飛行長からの電報をうけとった。「神風特別攻撃隊敷島隊一〇四五スルアン島（レイテ島東方）の北東三十浬《カイリ》（約五十六キロ）にて空母四を基幹とする敵機動部隊に対し奇襲に成功、空母一に二機命中撃沈確実、空母に一機命中大火災、巡洋艦に一機命中撃沈」（巡洋艦に命中は誤認）

大西は、しばらくして、

「これでなんとかなる」

という意味のことを言った。

セブの中島がこの電報を発信したというのは、敷島隊の直掩隊長西沢広義飛曹長（乙飛第七期）機がセブに着陸して、中島に知らせたからであった。西沢はラバウルで撃墜王と言われた名パイロットであった。しかし、翌二十六日、西沢など敷島隊直掩の生き残り三人のベテラン・パイロットは、ダグラス輸送機でセブからクラークへ帰る途中、敵戦闘機の攻撃をうけ、全員戦死した。戦果を早く知らせようとセブに降りたばかりに、中島に零戦三機を取り上げられ、死をまねいたようである。

こうして第一神風特別攻撃隊は、十月二十五日に爆装・直掩合計二十四機が出撃し、護衛空母一隻撃沈、一隻大破、二隻中破、二隻小破という、少数の割りに大戦果をあげた。このうち爆装機は十四機で命中機は七機なので、命中率は五十パーセントであった。

特攻をやらずに、「捷一号作戦」のヤマ場である十月二十四日、二十五日に、従来どおり正攻法の戦闘をした第二航空艦隊（第六基地航空部隊）約二百五十機の戦果は、米軽空母「プリンストン」大破（のちに沈没）、駆逐艦一隻・上陸用舟艇一隻撃沈、油槽船一隻大破であった。第一神風特別攻撃隊の十倍以上の兵力でこの戦果では僅少《きんしょう》というほかない。しかし、台湾沖航空戦にしても、この二航艦の比島沖航空戦にしても、掩護戦闘機のすくない雷・爆撃機隊は、多数の敵戦闘機隊に大半撃墜され、このていどの戦果しかあげられなかったのである。

前記したが、第一、第二航空艦隊の任務は、米機動部隊の空母多数の飛行甲板を撃破し、飛行機の発着艦を不能にして、栗田艦隊を攻撃する米空母機を激減させることであった。

マッカーサー軍の輸送船団を護衛するトーマス・C・キンケード中将がひきいる第七艦隊の戦闘艦は戦艦六隻、護衛空母十八隻をふくむ百五十七隻である。

さらにそれを護衛するハルゼー大将の第三艦隊の戦闘艦は戦艦六隻、正規・軽空母十八隻をふくむ百五隻である。

一、二航艦の攻撃で、三十六隻の米空母のうち、使用不能になったのは、撃沈した二隻と大破した一隻の三隻だけであった。中破・小破の空母は修理してすぐ使えたから、なお三十三隻の米空母が、合計一千機以上の飛行機を発着させることができた。

けっきょく、二航艦の戦果では、栗田艦隊のレイテ突入に、ほとんど役に立たなかった。

小沢艦隊は、二十四日夜八時三十分ごろから、二十五日の午前十一時すぎまで、囮《おとり》艦隊となってハルゼーの主力機動部隊を北方に釣り上げ、米空母機隊の攻撃をうけて満身創痍となっていた栗田艦隊のサンベルナルジノ海峡（フィリピン中部東側）通過、レイテへの南下を成功させた。

ところが、米空母機隊のために兵力を半減されたとは言え、栗田艦隊は、二十五日午前九時ごろ、レイテ湾へあと二時間と迫りながら突入しきれず、反転して帰ってしまった。突入していれば、栗田艦隊も全滅したかもしれないが、米攻略部隊と第七艦隊も潰滅したかもしれない状況であった。

栗田艦隊には一機の護衛戦闘機もつかなかった。二百機もついていれば、来襲する米空母機隊を大半撃墜し、栗田艦隊は損害がすくなく、レイテに突入できたであろう。通常の航空攻撃はもちろん、特攻よりもこの方がはるかに有効のはずだが「航空主兵論」の影響からか、戦闘機がすくなくそれができなかったのである。

戦局の一挙挽回をはかった「捷一号作戦」も、マリアナ沖海戦、台湾沖航空戦につづき、完敗におわり、「瑞鶴」「千歳」「千代田」「瑞鳳」の四空母、「武蔵」「山城」「扶桑」の三戦艦、「愛宕」「摩耶」「鳥海」「鈴谷」「最上」「筑摩」の六重巡、「多摩」「阿武隈」「鬼怒」「能代」の四軽巡、十二隻の駆逐艦、四隻の潜水艦と、大部分の航空兵力を失った日本海軍は、この後は堂々の艦隊戦闘をおこなうことが不可能になった。

この状況のなかで、少数の第一神風特別攻撃隊の戦果が光ったものに見えたのは、当然であった。

玉井副長、中島飛行長と、特攻隊員たち

大西は敷島隊の戦果報告電報を見て、「これでなんとかなる」という意味のことを言った。特攻機がこれだけいつも命中するものならば、戦局を挽回《ばんかい》できそうだと思うのも無理はなかったかもしれない。そこで、特攻隊を増設して、猛烈な特攻を継続する決意をかためた。

当時一航艦、二航艦の司令部は、おなじ建物のなかにあった。もともと一航艦司令部が使っていたマニラの海岸通りの高級住宅である。福留以下の二航艦司令部員が、台湾の高雄からここに移ってきたのは、十月二十二日であった。

十月二十五日、大西が電報を見てから一時間余の午後二時すぎ、一、二航艦司令部の幕僚と司令部付は、全員二階の作戦室に集合を命ぜられた。そこへ福留と大西が現われ、大西がつぎのように話した。

「第一航空艦隊と第二航空艦隊は合体して、第一連合基地航空部隊を編成する。福留長官が指揮をとり、私は幕僚長となる」

大西は、だれかと協同で仕事をするとき、かならずと言っていいほど、相手にナンバー・ワンの地位をゆずり、自分はナンバー・ツーの地位につく。そうしておいて、ほとんどすべてを自分が牛耳るというやり方をしてきた。このときもおなじであった。

二航艦はこれまで特攻をやらなかった。しかし、二十四日から二十五日にかけての大編隊攻撃は多数の米戦闘機隊にたたかれて失敗した。一航艦の少数機による体当たり攻撃は、相手が弱い護衛空母のためもあったが、めざましい戦果をあげた。そこで福留も大西の主張をうけ入れ、一、二航艦が合体して特攻をやることにしたのである。

この夜大西は、クラーク地区の七六一空の宿舎に出かけた。その士官室には、大西の命令で、クラーク地区に散在する海軍航空隊の飛行隊長以上が全員あつまっていた。

大西は、薄暗い電灯の下で、立ったままの士官三、四十名の中心に立ち、おそろしい顔付で、つぎのような意味のことを話した。

「本日、第一航空艦隊と第二航空艦隊は合体して、連合基地航空部隊が編成された。長官は福留長官、私は参謀長として長官をたすける。各隊とも、協力するよう。知ってのとおり、本日、神風特別攻撃隊が体当たりを決行し、大きな戦果をあげた。私は、日本が勝つ道はこれ以外にないと信ずるので、今後も特攻隊をつづける。このことに批判は許さない。反対する者はたたき斬る」

口調がきつく、説得するというのではなく、威圧するようであった。

このときの様子を、門司親徳は、『空と海の涯で』に、つぎのように書いている。

——みんなシンとして、一言を発する人もいなかった。その時、私の感じたことは、長官の悲痛な言葉が、聞いている指揮官たちには、渾然として沁みこんでいないことである。二〇一空の時には、純一な感じであった。しかし、今は、体当たりをせざるを得ないつきつめた雰囲気は湧き出ずに、むしろ、

「反対するものはたたき斬る——」

という烈しい言葉だけが指揮官たちの胸にこたえているように思われた。それは、フィリピンに進出してきたばかりの二航艦の指揮官が多かったせいかも知れない。戦場の雰囲気の感じ方に少しズレがあったようである。士官室の中に、私は違和感を感じた。

並んでいる指揮官の真ん中あたりに岡島少佐がいた。「瑞鶴」の時の戦闘機分隊長は少佐になって、二〇三空の飛行長であった。向こうっ気の強い岡島少佐の顔は、明らかに長官の言葉に反撥している顔つきであった。私はその顔を見て、何か心臓の痛む思いがした。——すでに十月十五日、有馬正文少将は一式陸攻に乗りこみ、台湾沖で戦死した。十月二十五日、関大尉以下二十歳前後の若者たちは敵艦に体当たりした。

しかし、将官、佐官、古手の大尉たちのほとんどは、自分も特攻隊指揮官となり、体当たりの攻撃に出ようとは思わなかったのである。

特攻に出る者は、志願であれ指名であれ、下級士官、下士官、兵であり、若者たちであった。海軍で、連合艦隊告示により、全軍に布告された神風特別攻撃隊の戦死者二千五百二十四名のうち、佐官は神雷《じんらい》部隊（人間爆弾「桜花」による特攻隊）隊長野中五郎少佐（兵学校

第六十一期）ただ一人である。兵学校出身士官は合計百十一名で、野中少佐のあとは、六十九期が三名、七十期が十名（以上大尉）、七十一期が三十名、七十二期が四十二名（以上中尉か大尉）、七十三期が二十五名（中尉）である。この人たちは、神風特別攻撃隊に関して海軍兵学校の名誉を守った、あるいは守らされた少数の人たちであろう。

また敗戦に当たって、神風その他、特攻隊の戦死者たちにたいして謝罪し、自決した関係将官、佐官、尉官は、大西のほかには見当たらない。

これで兵学校出身士官が特攻隊の先頭に立って戦ったというのは、いささか気がひけるのではなかろうか。

だから、有馬や大西と、その他多数の指揮官、参謀たちの間には気持のズレがあり、また指揮官、参謀たちと特攻隊員たちの間にもズレがあったのである。

と言っても、大西に強要された二航艦の指揮官たちは、嫌でも特攻隊を新設、増設して、米艦隊に向けて、つぎつぎに部下の若者を送り出さなければならなくなった。

翌十月二十六日午後、二航艦七〇一空で、九九式と彗星《すいせい》の艦爆隊による第二神風特別攻撃隊が新編成された。艦爆は零戦の倍の五百キロ爆弾を抱くので、命中すれば効果が大きいというのである。

新第一連合基地航空部隊司令部前庭の芝生で、その命名式と別盃がおこなわれた。艦爆十五機と、直掩《ちょくえん》零戦約二十機の搭乗員計約五十名にたいして、台の上の福留長官は命名と訓示をした。艦爆特攻隊の各隊は、忠勇、義烈、純忠、誠忠、至誠と命名された。訓示のあと、隊員たちは白布のテーブルに着き、茶碗に冷酒を注ぎ、福留の音頭で乾盃をした。

大西は、幕僚長として、それまで黙って立っていたが、乾盃後、テーブルの間をまわり、一人一人に時間をかけて握手をした。

この艦爆特攻隊には、兵学校出身士官が二人加わっていた。ひとりは指揮官兼忠勇隊隊長山田恭司大尉（第六十九期）、もうひとりは純忠隊隊長深堀直治大尉（第六十九期）である。

十月二十七日、忠勇、義烈、純忠、誠忠の各隊は、午後三時すぎ、第三種軍装で軍刀を握った福留、大西らが見送るなか、ニコルス飛行場を出撃、レイテ湾の米艦船攻撃に向かった。

忠勇隊の一機は戦艦に命中、一機は巡洋艦に命中、一機は輸送船に命中した。義烈隊は戦果不明。純忠隊も戦果不明。誠忠隊は一機がタンカーに命中、その他は戦果不明であった。

この日、深堀機は、レイテ湾上空で爆弾の安全解除の装置がきかず、レガスピー基地に不時着、故障を修理し、ふたたびレイテ湾に向かった。しかし日没後で敵を発見できず、セブ基地に帰投した。翌朝、操縦員松本賢飛曹長と同機に乗り、単機で三たびレイテ湾に向かい、帰らなかった。米軍側の発表によると、この十月二十八日、軽巡「デンバー」がレイテ海域で特攻機によって損傷をうけている。

深堀は、十月二十七日付で、七〇一空司令木田達彦大佐（兵学校第五十期）と飛行長兼飛行隊長江間保少佐（兵学校第六十三期）あてに手紙を書いている。爆弾安全装置不良その他の注意を書いたものだが、なかに、つぎのようなことがあった。

——四、「セブ」を中継として黎明に体当りを行なわれてはどうかと思考する。このようにすれば燃料の残量が多いため更に効果があると思われる。なお戦闘機に付かれることも少ない。

五、断じてあせらず、無理な状況の時は再挙をはかり、これはと思う奴に体当りをやるよう、後続の人にお伝え願いたい。一般にあせり勝ちとなり、目標を誤るおそれがある。

追　記

列機は本当に可愛いものです。今日も戦場突入時、各人きちんと敬礼をして「ニコッ」と笑って解散しました。私は涙が出て仕方がありませんでした。これで皇運の隆昌断じて疑いなしと確信しました。

年は若年でも列機の人々の態度の実に立派であった事は、今も私の目に残って離れません。特攻隊員の人選は頭をなやまさずとも大丈夫であると信じます。

ではお別れ致します。御健闘を切にお祈り致します。——

十月二十六日、午前十時十五分、セブ基地から、第一神風特別攻撃隊大和隊第一隊爆装二機・直掩一機（指揮官植村真久少尉、飛予備第十二期）、第二隊爆装三機・直掩二機（指揮官勝又富作一飛曹、甲飛第十期）が出撃、レイテ東方の米機動部隊に向かった。

高橋保男一飛曹は第二隊の直掩機の一機に乗っていた。第二隊の爆装機は、勝又機のほか塩田寛一飛曹（甲飛第十期）、移川晋一一飛曹（甲飛第十期）の二機で、直掩機は高橋機のほか勝浦茂夫飛長機であった。

途中塩田機が約八百メートルおくれ、勝浦機が護衛した。予定地点で敵を見ず、ひきかえそうとしたとき、前方約一万メートルに空母四隻の米機動部隊を発見した。天候は快晴。特攻機は敵空母群の上空を高度一千メートルで一往復した。空母から発艦するグラマンF6Fが蜂の巣をつついたようである。高橋は垂直旋回をしながら特攻機を見守った。

勝又が風防を開け、高橋に手を振りながら、右先頭空母への突入針路に入った。移川は大きなバンクをくり返し、やはり高橋に手を振りながら、勝又機の後方四百メートルにつづいた。勝又機は空母の真ん中のエレベーターに突入した。つづく移川機も勝又機とおなじ場所に突入し、大火災を発生させた。

他の三隻の空母は九十度左へ回頭しはじめたが、その最中に、塩田機が左先頭の空母に命中、火災を発生させた。このころから米艦隊の対空砲火がはげしくなり、塩田機を護衛していた勝浦機は被弾して落ちて行った。

セブに帰投した高橋は、空母一隻撃沈、一隻大破炎上と報告した。高橋機には直径十センチほどの穴があき、数ヵ所に弾痕《だんこん》があった。

植村少尉指揮の第一隊は全機未帰還で、戦果は不明であった。

米軍側の発表によると、護衛空母「スワニー」がこの戦闘で損害をうけている。

十月二十六日夜八時すぎ、マニラの一航艦司令部二階の大西の私室に、

「オッチャーン」

と、若い中尉が飛びこんできた。海軍省軍務局長（のちに次官）多田武雄中将（兵学校第四十期）の息子、多田圭太（兵学校第七十二期）であった。大西は多田武雄と同期の親友で、子どもに恵まれない彼は、圭太が幼いころ可愛がり、腕に抱いて寝かせつけたり、相撲をとって遊んだりしていた。

ハッとした大西の前で、圭太は挙手の敬礼をして、

「これから行ってまいります」

と別れを告げた。大西はことばが出なかった。

圭太はほどなく帰って行った。大西もあとを追って下に降り、

「元気で、しっかりやれよ」

と励ました。圭太は頭を軽く下げ、飛行帽をかぶり、あとも見ずに門の外へ走って行った。影が月明かりのなかをどんどん遠ざかった。見送りをおえて、私室への階段をのぼる大西の足は重かった。

多田中尉は、十一月十九日、第三神風特別攻撃隊第二朱雀《すざく》隊隊長として出撃、レイテ湾の米艦船攻撃に向かい、帰らなかった。

終戦の昭和二十年八月十五日の夜半すぎ、大西は割腹自決をしたが、その直前、親交のあった矢次一夫に、

「圭太が別れに来たときは、じつに熱鉄を飲む思いがしたよ。のちにおれは軍令部次長にな

って（昭和二十年五月十九日）、多田（海軍次官）と一緒に仕事をしてきたが、多田のやつは圭太のことをおれにひと言も聞かないんだ。おれもついに口に出せなかったが、ずいぶん辛かったよ」

とうちあけた。

自決後、枕元にかけつけた多田夫妻に、矢次がそのことを話すと、多田は瞑目《めいもく》し、夫人は泣きくずれたという。

十月二十七日、朝から、ニコルス飛行場にたいして米空母機約四十機の空襲があった。大西は、猪口先任参謀と司令部前庭の防空掩体に入った。そのときのことを、猪口はつぎのように述べている。

――しばらくすると長官は、

「先任参謀」

と言った。

「城英一郎大佐（兵学校第四十七期）が、多分、ラバウルから帰ってきてからだったかなあ（昭和十八年六月）、体当りでなくては駄目だと思うから、とにかく私を隊長として実行にあたらせてくれ、と再三言って来たことがある。内地にいた時にはとうていやる気にはなれなかったが、ここに着任して、こうまでやられているのを見ると、自分にもやっとこれをやる決心がついたよ」

……長官はつづけて、

「こんなことをせねばならないというのは、日本の作戦指導がいかにまずいか、ということを示しているんだよ」

と言った。なおも私が黙っていると、

「なあ、こりゃあね、統率の外道だよ」

そうポツンと言った。——（『神風特別攻撃隊の記録』）

十月三十日、午後一時三十分、セブを出撃した大和隊爆装零戦三機と葉桜隊爆装零戦三機は、直掩零戦五機に護衛され、レイテ東方の米機動部隊に突入した。

直掩隊はセブに帰投し、「大型空母一隻轟沈、中型空母一隻・特殊空母一隻撃沈、巡洋艦または駆逐艦一隻大破」と報告した。

大戦果に士官室は躍り上がった。その夜、中島飛行長の音頭で「天皇陛下万歳」が三唱され、ビールでの乾盃があった。

米軍側の発表によると、大型新空母「フランクリン」に一機命中、搭載機三十三機撃破、五十六名戦死、空母「ベロー・ウッド」に一機命中、二十四機撃破、百名以上戦死または行方不明、ほかに百名負傷となっている。

直掩の一機で戦った角田和男少尉（乙飛第五期、二航艦二五二空・第一連合基地航空部隊二〇一空）は、戦友の戦死もよそにビールを飲んではしゃいでいる士官室にいられず、畑井照久中尉と外に出た。

中島は、特攻隊員について、

「特別攻撃隊員は、体当り攻撃を特別の攻撃とは思っていなかった。われわれは軍人になった時に身命はすでに君国に捧《ささ》げているはずである。しかもこの激烈な戦闘局面に陥った現在、飛行機に乗って出撃していく身が、ふたたび飛行場に帰ってこられるとは誰も考えていない。したがって、特別攻撃隊というのは、ただ仮に付けてもらった名前に過ぎない。他の攻撃法の場合と少しも違うところはない、というのがフィリピンにおける二〇一空搭乗員の持論であった。だから、出撃していく搭乗員には、普通の攻撃に出ていく時と何も変わったところはなかったし、みなニコニコ笑いながら出ていったものだ。特別のお祭りさわぎをやるわけでもなく、鉢巻を締めたり、酒盛りをしたり、少しも普通の出撃と違うようなことはなかった。ただ淡々と出撃していくのが例であった」

と語り、その前後に、特攻隊員たちがいかに明るく朗らかであったかという逸話をいくつか並べている。（『神風特別攻撃隊の記録』）

しかしこれはいささかいい気になりすぎているのではないか、と私は思い、昭和五十九年（一九八四年）八月二十四日朝、茨城県新治郡出島村の角田和男に、電話をかけてたずねてみた。

「特攻隊の人たちが、いつも明るく朗らかで、なんの悩みもなかったように書いてありますが、じっさいはどうだったのでしょうか」

「そんなことはないですよ。そりゃあ昼のうちは、お天道さまの下で嫌な顔もしませんが、夜寝るときは、みんないろいろ考えますよ。

あのときはビールを飲んでいる士官室を出て、畑井中尉と暗い夜道を搭乗員兵舎に歩きました。そこで寝ようと思ったんです。すると二〇三空の倉田上飛曹が兵舎の入り口に立って見張りをしていましたよ。明日出撃する特攻隊員たちの姿を人に見せたくないから、見張りをしているんだ、と言うんです。

兵舎に入ってみると、彼らは飛行服を着たままあぐらをかき、物思いに耽《ふけ》るようにうつむいていました。倉田上飛曹は、目をつむるのがこわいんだと言うんです。片隅では仲間が、明日の特攻隊員たちが眠くなるまでつき合うように坐《すわ》っていました。

倉田上飛曹が言いましたよ。

『こんな姿は、士官には見せたくない、とくに中島飛行長には、ぜったいに喜んで出撃すると信じてもらいたい。今日突っこんだ大和隊、葉桜隊の連中も、昨夜はみんなこうしていました』

私は、どうしてこんなに中島飛行長に義理だてしなければならないのかと思いましたね。

翌朝、兵舎を出て飛行場へ行く彼らを見ると、昨夜のことがウソのように、さっぱりした顔をしていました。

私の二五二空はマバラカット西飛行場にあったのですが、二十九日にレイテ北東部のタクロバンを攻撃したあと、畑井中尉とセブに不時着しました。そこで中島飛行長に命令されて、三十日に大和隊、葉桜隊の直掩に出たんです。

二五二空では、十月二十六日ごろ、飛行長の新郷英城少佐（兵学校第五十九期）が搭乗員を総員集合させて、特攻隊志願をよびかけました。下士官・兵は、その場で全員志願しました。私も『熱望』と書いて出しました。ラバウルから負け戦《いくさ》つづきで、こうするほかないと思っていたからです。

准士官以上では、

『こんなつまらないことはやめよう』

と言う人もいたし、特攻をはっきり拒否した人もいました。（関大尉のように特定して指名されるのでなければ、戦闘機乗りとして戦った方がプラスだと言って、志願しなくてもすんだ）

そのあと私も、昼はなんでもないようにしていましたが、夜は女房、子どもを考えましたよ」

『散る桜残る桜』にはつぎのようなことがある。

——比島では第一神風以後も制空隊として飛来してきた飛行隊や、小沢機動艦隊の空母搭乗員も特攻隊となった。これらの中にも多くの十期生がいる。とくに第一神風の大和隊が進出したセブ基地は、本家のマバラカットをしのぐ特攻のメッカとなった。他の飛行隊の搭乗員のあいだでは、たとえ燃料不足で不時着するようなことがあっても、セブやマバラカットに近寄ることはタブーとされていた。特攻隊に使われるからである。——

これらのことからすると、中島の特攻隊員にたいする考えは、ひとりよがりか、自己弁解であったようである。

玉井中佐が甲飛十期生たちを特攻隊員にしたことは、やさしい顔をして手なずけた子どもたちをまるめこんで、人身御供に差し出したようなものと言える。

前記海保博治上飛曹（十一月一日進級）は、十一月はじめ、三四一空から特攻隊員として、仲間とともに、マバラカットの二〇一空に派遣された。ところが彼らは、二〇一空本部に着いたとたんに、玉井に、

「貴様たちは、二〇一海軍航空隊をなんと心得ておるか！　酒気をおび、こんなだらしのない搭乗員は見たこともない。そんな気持で、必死必殺！　敵艦に体当たり攻撃ができると思うか！　そんな搭乗員は預ることはできない。ただちに各飛行隊に帰れ！」

と、どなりつけられた。彼らが酒気をおびていたことはたしかであった。だがそれは、マルコット基地の三四一空本部で、舟木司令、園田飛行長、藤田飛行隊長などが壮行会をひらいてくれたためであった。

つづいて玉井は、もの静かに、

「貴様たちが祖国のため、悠久の大義に殉ずる血気溢《あふ》れた気魄《きはく》を持って、この二〇一空海軍航空隊に来てもらいたかったのだ」

と、訓戒した。

三四一空から来た搭乗員たちは、ひややかな玉井に不信感を持った。

その後海保は、直掩、爆装で何回か出撃したが、撃墜されず、また突入の機会を得られずに帰投した。玉井に報告すると、うなずき、「ご苦労」と言った。しかしその眼は、（お前も自爆してほしかった。何も帰還しなくてもよかったんだ）と言っているように感じられた。

セブで戦いつづけていた高橋保男は、やがてマバラカットに帰り、玉井に報告した。ところが玉井は、なお「突っこめ」と言う。何回か特攻で出撃すると、神経が参ってくる。高橋は玉井に反感をおぼえ、特攻に嫌気がさした。当時は各地から新しい特攻要員がつめかけてきて、けっきょく高橋は特攻に出ないですむようになった。のちに彼は朝鮮の元山空に行き、局地戦闘機雷電の搭乗員となり、生き残る。

前記磯川質男は、十月二十一日、朝日隊で出撃して不時着し、約一ヵ月後に、マバラカットの二〇一空に生還した。

十一月末ごろ、はじめから二〇一空にいた搭乗員が内地に引きあげることになった。同期生たちと内地行きの輸送機に乗ろうとしていた磯川は、当時二〇一空司令になっていた玉井に、

「磯川待て」

とよびとめられた。つづいて、

「貴様は特攻で死んでもらわねばならない」

と、一同の前で申しわたされた。すでに海軍省が、磯川の「特攻戦死、二階級特進」を発

表しているからと言うのであった。

『散る桜残る桜』にはこうある。

——磯川に対するこの処遇を、十期生は自分たち全体に対する処遇として受け取った。そして指揮官、ひいては特攻そのものに対する不信感を強く植えつけるひとつの原因となった。——

ひとりフィリピンに残された磯川は、その後何回か出撃したが生還し、内地に帰った。そして昭和二十年五月末、大村湾上空で敵夜間戦闘機と戦って戦死した。

同書には、

——また小野正夫（三四一空四〇一飛行隊）の話によると、玉井中佐は、「お前たちに苦労をかけてすまないが、今はお前たちだけが日本を救う立場にあるのだからしっかりやってくれ。そのかわりお前たちだけを殺すようなことはしない。必ず俺たちもあとに続くから」ということを会うたびに言っていたという。ところが笠井（智一）に言わせると、玉井中佐は自分の部下に対しては、そういうことは一遍も言ったことがないという。——ともある。

戦後玉井は、松山市郊外の街道筋にある瑞応寺の住職になった。笠井ら甲飛十期の三人が会いに行ったとき、玉井は、出家の動機について話した。ある人から、戦場で殺した部下の霊をとむらわなければ、あなたは一生何をしても浮かばれないと言われ、久万《くま》の山寺の小坊主から修行したというのであった。それについて高橋保男は、電話の向こうから私に言った。

「仏門に入るなんて卑怯ですよ」

昭和十九年十月二十八日、海軍省は神風特別攻撃隊敷島隊の戦果を発表した。翌二十九日の朝日新聞は、「神鷲の忠烈万世に燦《さん》たり」「敵艦隊を捕捉し必死必中の体当り」「豊田連合艦隊司令長官　殊勲を全軍に布告」などの見出しで、一面トップに報道した。

大和隊、朝日隊、山桜隊、菊水隊に関しての海軍省発表がなかったのは、戦果が不明なのと、戦果の情報入手がおくれたためのようである。

十月三十日、海相米内光政大将は、参内して、天皇に神風特別攻撃隊の戦果を報告した。天皇は、

「それほどまでのことをせねばならなかったか。しかしよくやった」

という意味のことを述べたという。

「それほどまでのことをせねばならなかった」ということについて、大西は猪口に、

「こんなことをせねばならないというのは、日本の作戦指導がいかにまずいか、ということを示しているんだよ。

なあ、こりゃあね、統率の外道だよ」と語った。

もともとは、日本の戦争指導がいかにまずかったかを示すものであろう。ひらたく言うと、やってはならない対米英戦争をやり、勝てるみこみもなくなったのに戦争をやめようとしないから、「それほどまでのことをせねばならなくなった」というものであろう。作戦指導がまずければ戦争をやめるべきで、下手な戦《いくさ》をした作戦指導者たちの責任を、罪のない若者た

ちに背負わせるというのは、ものごとがさかさまである。どうしても「それほどまでのことをせねばならない」というなら、作戦指導者も若者たちと一緒に体当たり攻撃に出ていくべきである。そうしなければ、外道を若者に押しつけたことに対する示しがつかない。

このようなことからすれば、天皇の「それほどまでのことをせねばならなかったか」ということばは、戦争指導、作戦指導の責任者たちにたいする批判であろう。「しかしよくやった」は、当然、特攻隊員たちにたいするもので、やらせた幹部たちにたいするものではない。

じつは昭和十九年八月二十九日以来、米内と海軍次官の井上成美《しげよし》中将（兵学校第三十七期）と次官承命服務の高木惣吉少将（兵学校第四十三期）たちは、天皇の内意に副《そ》って、終戦工作をひそかにすすめていた。「天皇の内意に副って」というのは、高木惣吉著『高木海軍少将覚え書』に、昭和十九年九月十七日に高木が高松宮宣仁親王に会ったときの高松宮の発言が克明に記され、そのなかに、

――「玉砕では国は護《まも》れぬ。また玉砕と云《い》っても女子供迄《まで》玉砕出来るものでもない」、「条件は簡単である。国体の護持これだけである」（天皇制存続ということ）、「戦局の前途に勝利の希望を持たないくせに、（石川等のように）徒《いたず》らに強硬論を主張する時ではない。GF長官が戦に専念するのは当然だが、総長は戦局収拾を併せ考慮すべきである。戦局収拾の時機は、海軍より言い出すべきである。日露戦争の時は、陸軍から言い出した。今度は海軍が言うべきである」――

ということがあり、これから天皇の意をかなり推測できるからである。文中、（石川等のように）とあるが、これは親独反米英の先鋒石川信吾少将（兵学校第四十二期）のことである。GFは連合艦隊。

その米内、井上は、役職上、海軍部内の重要問題についてはすべて報告をうけるため、当然特攻隊のことも知っていた。しかし、それに反対はしなかった。井上は、昭和二十年二月に、陸軍省から「特攻戦死者の遺族弔問のため、大臣代理として大将を派遣したい」という申し入れがあったときに、つぎのような文書を書いている。

――海軍はいまや全軍特攻である。航空特攻は今後何千何百出るであろう。航空以外の新兵器による特攻（空中特攻「桜花」、水中特攻「回天」、水上特攻「震洋」等の部隊が生まれていた）も出現する。これらの特攻の遺族に対し、今後洩《も》れなく弔問することは不可能である。また大将を派遣するとなれば、資材、労力の浪費も少なくない。現在は戦力増強が大切である。遺族の弔問よりも、戦《いくさ》に勝つことに努力することが特攻の真意に副うゆえんである。海軍は陸軍のやることに反対しないが、海軍はやらぬ――（防衛庁戦史部所蔵）

また、昭和二十年一月二十日付で米内海相に提出した「大将進級に就き意見」という文書のなかでは、

――第一線は神風隊の如く人類最善最美の奮戦をなしつつあり。作戦しかも不如意なるは戦力の不足にあり。戦力不足なればこそ第一線将兵をして神風隊の如き無理な戦をなさしめつつある次第なり。戦力不足は誰の罪にもあらず、国力の不足なり。国力不足に無智にして

驕兵《きようへい》を起したる開戦責任者に大罪あり――

と書いている。

このように井上は、特攻の責任を開戦責任者にもっていっている。また「無理な戦」と言っている。それにもかかわらず、特攻に反対はしていない。どう考えていたかといえば、特攻のような「無理な戦」をやってもやはりだめだというところまでいかなければ、終戦のいとぐちはつかめないと考えていた、というほかなさそうである。井上にとっての特攻は、戦争をやめるために避けられないひとつの過程だったようである。米内もおなじであった。

ところが大西はちがっていた。特攻を強化すれば戦争に勝つ、勝たないまでも負けない、だから特攻がつづけられるかぎり戦う、というものであった。

昭和三十二年六月、故大西瀧治郎海軍中将伝刊行会（世話人幹事福留繁）による『大西瀧治郎』が発行された。非売品である。そのなかで、福留は、

「私はレイテ戦開始直後に、大西の第一航空艦隊増援のためにフィリピンに急派せしめられ、昭和十九年十月二十三日以来、翌二十年一月七日任を解かれるまで、同方面航空戦の最も困難であった二ケ月余に亘って、大西と同一司令部にあって作戦を共にし、同じ掘立小屋の同じ一室に起居を共にし、多くの事を語り合ったのであるが、大西は、日本精神の最後の発露が特攻であり、特攻によって祖国の難を救い得ると確信していた」

と語っている。福留自身はどう考えていたか、戦死した特攻隊員たちにたいする責任をどうするつもりかがなく、ひとごとのような話しぶりだが、大西がどう考えていたかについて

は、よく語っている。

十一月一日、フィリピン方面の最高指揮官である南西方面艦隊司令長官が三川軍一中将（兵学校第三十八期）から大川内伝七中将（兵学校第三十七期）にかわり、戦死した有馬第二十六航空戦隊司令官のあとには第二航空艦隊参謀長杉本丑衛少将（兵学校第四十四期）が就任し、杉本のあとには菊地朝三少将（兵学校第四十五期）が着任した。二〇一空では山本栄大佐にかわり、玉井浅一中佐が司令となった。そして大西の強硬な指導で、十一月中旬から十二月にかけて、特攻隊がぞくぞく出撃してゆく。

十月末か十一月はじめ、猪口先任参謀は、マニラ司令部で、大西に、

「レイテに敵も上陸して一段落したのですから、体当たり攻撃はやめるべきではないですか」

と言った。すると大西は、

「いいや、こんな機材の数や搭乗員の技量で戦闘をやっても、この若い人びとはいたずらに敵の餌食《えじき》になってしまうばかりだ。部下をして死所をえさしめるのは、主将として大事なことだ。だから自分は、これは大愛であると信ずる。小さい愛にこだわらず、自分はこの際つづけてやる」

と答えた。

統率の外道の特攻に愛などあるはずはないであろうが、負けないためには特攻をつづけるしかない、それを自分は大愛と信じてやるということらしい。

一波は動かす四海の波

大西瀧治郎は明治二十四年（一八九一年）六月二日、兵庫県氷上郡芦田村の小地主の家に、五人兄妹の第三子として生まれた。このあたりは栗で名高い丹波《たんば》の国と言われ、四方は数百メートルの山々がかさなっている。芦田村はその山間の小平野を流れる佐治川の両岸にひろがる農村である。ここから約十四キロ南に福知山線の柏原《かいばら》駅があり、福知山線を南へ行くと、篠山口《ささやま》を経て、大阪駅に着く。

瀧治郎の父は亀吉、母はうた。瀧治郎は生まれついての強情者であった。小学生のころわるさをして、うたに倉に入れられたが、俵の中の米をつかみ出し、大桶《おおおけ》の小豆にまぜ合わせ、一俵分ぐらいつくった。倉に入ってきたうたに咎《とが》められると、

「わるいことをしたと思わんのに、お母さんが倉に入れたから、仕返しをしたんや」

と口ごたえした。うたは、

「お前がわるくないのに、なんで可愛い子を倉のなかなどに入れようか」

と言って、なぜわるいかをよくよく説いてきかせた。それがおわるとひらきなおり、「わるいことをして仕置きをうけながら、百姓が汗水たらして作った尊い米や小豆をこんなにいたずらするとは、なんということや。それにお前は仕返しをしたと言うたな。わるいことをしてその上に仕返しをするとは、二重にも三重にもわるい。あやまっただけでは許されん。そのような根性を、かならず直しますと誓え、誓わなければ許されん」

と叱《しか》りつけた。

これにはさすがのワルがきも骨身にこたえ、謝まって誓ったという。大西は、のちのちまで、妻の淑恵に、

「あのときほどおふくろがおっかなかったことはなかったよ。あのときのおふくろのことばがこたえて、忘れられん誡《いまし》めになった」

と言っていたという。

うたは大正二年（一九一三年）五月十一日、五十一歳で死んだ。大西が二十二歳、海軍少尉候補生で、軍艦「筑波」乗り組みのときであった。

大西は、「筑波」から五月二十一日付で、長兄あてに長文の手紙を書いている。そのなかに、つぎのようなことがある。

――母上は少くも我等にとりては神よりも有難し。思いぞ出す。母上身まかり給いし二週間前、遠洋航海より帰り、早々病室を訪いたる時、去年八月辞せし時の御顔の影だにもなく、細りに細り弱りに弱り給いし御姿にて、糸より細き声にて、

「思いがけない大病にとり合うてのう」

と言われつつ、玉の如き涙をほろほろと流し給いつつ、尚《なお》言葉をつぎ、

「お前は御国に捧《ささ》げて無きものと思いながら、親というものは愚かなもので、未だお前のことを思わぬ日とて一日もない。一度は到底二度と会えまいと思ったが、それでもお蔭《かげ》でまあ退院するようになった」

と慈愛溢《あふ》るる言葉を聞いたときは有難さに胸塞《ふさ》がり、御顔を拝する事も口を利く事も出来ず、只《ただ》有難涙悲哀の涙にかきくるる外能《あた》わなかった。我生れてより此時《このとき》ほど深刻なる感動を与えられたることはなかった。

……終りに臨みて、我が亡き母上を歎美《たんび》せん。我が母上は全身之涙にて、女らしく且つ雄雄しきところおわしまし候。――

瀧治郎は、日露戦争中の明治三十八年(一九〇五年)四月、日本海軍がロシア海軍に大勝する一ヵ月半ほどまえ、柏原中学校に入学した。柏中《かいちゅう》は、当時姫路中学校と並ぶ名門校であった。戦後まもないころの首相芦田均《あしだひとし》も同校の出身である。家から柏中までは十四キロもあるので、瀧治郎は寄宿舎に入った。

瀧治郎の強情は、ますます並みはずれたものになった。当時の親友で、のちに陸軍中将になった大城戸三治は、つぎのように語っている。

「中学校の裏に高鉢山という標高百五十メートルほどの坊主山があります。八幡宮から稜線《りようせん》

づたいの小径《こみち》を登ると、その頂上に行けます。

　ある冬の日、大西君と二人で雪を踏んで八幡宮にお参りをしました。彼が高鉢山に登ってみようといいます。下駄ばきで雪を踏み、稜線の小径を登って行くと、中腹まで行かぬうちにだんだん雪が深くなりました。雑木林のなかを通っている小径の道筋もはっきりしません。素足なので、足がちぎれるように冷たい。前方を見上げると、頂上はまだずいぶん先です。下駄の歯に雪がくいつきます。

　大西君は黙々として登って行く。滑っても転んでも登るんです。私はひき返したかったんですが、弱音をはくのが嫌で、ついて行きました。

　雪はだんだん深くなり、道筋はわからず、そのうち私は、二メートルも深い雪の吹きだまりに落ちてしまいました。彼に助けてもらって、ようやく這《は》い上がることができました。そこではじめて大西君は、『帰ろう』と言ったんです。彼はそういう男でした」

　瀧治郎の二年上級に富田貴一という秀才がいた。富田は、ロシア艦隊が在泊する旅順港口の閉塞隊指揮官広瀬武夫中佐（兵学校第十五期、同閉塞作戦で戦死）を崇拝していたが、それに感化され、瀧治郎も広瀬の崇拝者となった。寄宿舎の自室に広瀬の肖像を掲げ、朝夕礼拝をした。妹たちに出す手紙には、広瀬にあやかり、「兄武夫」と署名したほどである。熱狂する気性なのであろう。

　富田は明治四十年、海軍兵学校に第三十八期生として入校し、のちに大佐となる。草柳大蔵著『特攻の思想』には、つぎのようなことがある。

――昭和三十六年に、浅草の山谷に住む山本潔が「六十祝祭」という詩集を出している。この中に「生きのまにまに」という自叙伝が収められているが、山本もまた柏原中学の出身で、〝室長・大西瀧治郎〟に触れて書いている。
「大西さんは寄宿舎の室長をしていましたが、変な奴がいるとその男を蒲団《ふとん》の中へまるめこみ二階の窓から下へおとすというようなこともやり、この大西さんには誰も手出しするものがありませんでした。学力も優秀でした」――

明治四十二年（一九〇九年）九月十一日、大西は柏原中学五年から海軍兵学校に入校した。入校時の席次は百五十名中の二十番であった。この第四十期には、のちの中将、山口多聞、宇垣纏、福留繁、岡新、寺岡謹平、醍醐忠重などがいる。
彼は後年、「喧嘩《けんか》瀧兵衛」とアダ名されるが、殴る蹴るの兵学校名物棒倒しでは、毎回大暴れして、山口多聞とともに、抜群の「棒倒し男」だったという。剣道は当時最高の一級、柔道で最上位の一人であった。
歌はひどい音痴で、日曜日のクラブで歌うときは、
〽丹波篠山山家《ささやまやまが》の猿が、花のお江戸で芝居する　ヨーイヨーイ、デッカンショ
にきまっていたようである。
第四十期は、三年後の明治四十五年（一九一二年）七月十七日、海軍兵学校を卒業し、海軍少尉候補生となった。大西の卒業時の席次は、百四十四名中の、やはり二十番であった。

首席は岡新、次席が山口多聞、福留繁が八番、宇垣纒が九番、醍醐忠重が十七番、寺岡謹平は六十三番である。

海軍航空が発足したのは、ちょうどこの明治四十五年であった。明治四十二年、軍令部参謀山本英輔少佐（兵学校第二十四期、のちに大将）が、はじめて「海軍航空機」に関する意見書を提出した。明治四十五年六月二十六日、日本海軍は、「海軍航空術研究委員会」を創設し、同年十月、横須賀追浜に海軍航空術研究施設をつくった。

日本ではじめて飛行機が飛んだのは、その二年まえである。徳川好敏陸軍大尉がフランスで購入してきたファルマン式複葉機に自分が乗り、代々木練兵場で四分間、約三千メートルの距離を飛んだもので、明治四十三年暮れのことであった。

海軍では、金子養三大尉（兵学校第三十期）が明治四十四年（一九一一年）、フランスに行き、操縦技術を習い、モーリス・ファルマン水上機二機を購入し、翌年秋に帰国した。明治天皇が亡くなり、大正元年と改元されてまもないころである。それと時をおなじくして、アメリカに派遣され、カーチス式水上機二機を購入した河野三吉大尉（兵学校第三十一期）が帰国してきた。

昭和十三年（一九三八年）十一月、横須賀海軍航空隊の一角に記念碑が建った。それに、金子養三大尉揮毫《きごう》の、つぎのような碑文が刻まれた。

明治四十五年初メテ海軍航空術研究委員会組織セラレ十月地ヲトシ《ぼく》、東西二百米南北六百米ヲ劃《かく》シ其ノ一隅ニ格納庫一棟ヲ建設ス。即《すなわ》チ此ノ地ナリ。
十一月二日海軍大尉河野三吉カーチス式水上機ヲ操縦シテ飛行ス。同日海軍大尉金子養三モ亦《また》ファルマン式水上機ヲ操縦シ飛行ス。是実ニ帝国海軍飛行ノ嚆矢《こうし》ナリ。今茲《ここ》ニ碑ヲ当時ノ格納庫ノ跡ニ建テ以テ記念ト為スト言フ。
昭和十三年十一月二日　横須賀海軍航空隊

その記念碑は終戦時米陸軍に撤去され、倉庫に放置されてあった。米駐留海軍に勤務していた元海軍大佐安延多計夫（兵学校第五十一期）がそれを発見し、旧海軍航空縁故者たちとはかり、米海軍の援助を得て、昭和三十一年（一九五六年）五月二十八日、旧位置に復旧した。

日本海軍は、追浜に飛行場を開設すると同時に、第一期練習将校を数名任名し、その後毎年、練習将校を数名ずつ採用養成していった。

追浜での初飛行のすぐあとの十一月十二日、横浜沖で大正天皇の観艦式がおこなわれた。金子大尉と河野大尉は翼を連ね、初の空からの観艦式に参加した。

このとき大西は海軍少尉候補生として練習艦「宗谷」に乗り組み、観艦式に参列し、この画期的天覧飛行に胸躍らせ、飛行機乗りになろうと決心したのである。

大西は、大正四年（一九一五年）十二月一日、中尉に進級し、山口三郎（兵学校第三十九期）ら五名とともに航空術研究委員となり、第六期練習将校として飛行操縦術を習った。翌五年三月末、追浜と清水港間の往復飛行をして、彼ら六名はこの教程を卒業した。当時の操縦教官の一人が桑原虎雄大尉（兵学校第三十七期、のちに中将）である。

大正五年四月一日、航空術研究委員会が解消され、かわって横須賀海軍航空隊が発足した。初代司令は山内四郎大佐（兵学校第二十一期）であった。大西らは、あらためて横須賀海軍航空隊付となり、一本立ちの飛行将校となった。

同年九月一日、大西は、新設の艦隊航空隊付として、水上偵察機四機を搭載する母艦「若宮」乗り組みとなった。「若宮」は戦艦部隊の第一艦隊に所属して、偵察と対潜警戒をやる。

しかし、この海上飛行作業は、命がいくつあっても足りないほど、危険に満ちていた。ある日、大西は夜間訓練で着水するとき、水面標示灯の光に眩惑《げんわく》され、飛行機もろとも水中に突っこんだ。運よく助かったが、わるくすればあの世行きであった。

十一月末のことであった。「若宮」ははじめて連合艦隊の訓練に参加した。駿河湾で月明の夜、山口三郎中尉操縦、大西同乗の飛行機は、三保の松原灯台の照明角度調査に出かけた。灯台は真上を飛ぶ飛行機からは光が見えない。どの角度なら見えるかを調べようというのである。ところがエンジンに故障を発生し、飛行機は清水湾の海面に不時着し、高いうねりで転覆した。

住民が大ぜい海岸に集まってきた。

「舟を持ってきてくれーっ」

と大西はどなった。だが、舟はなかなか来ない。寒くてたまらない二人は「デカンショ」

をどなった。飛行機は沖に流されて行き、心細くなったが、翼が帆の代わりとなり、三保の松原の突端ちかくに流れ着いて助かった。

いつのころか不明だが、こんな話もある。大西中尉は水上機の練習をしていて、海中に墜落した。さいわい、フロートがついているので沈没しない。ひと晩じゅう漂流していると、戦艦「霧島」が来て救助してくれた。艦長は高橋三吉大佐（兵学校第二十九期、のちに大将）であった。ずぶ濡《ぬ》れの大西に、高橋が「大丈夫か?」とたずねた。大西は、股間をおさえ、

「病気をしておりますので海水が沁《し》みて困ります」

と答えた。高橋はびっくりして、軍医のところへ行かせた。

大正六年十月、海軍小演習中、第二航空隊付の大西、荒木保（兵学校第四十期）両中尉の同乗偵察機は、九州西方海面を偵察飛行中、エンジン故障で艦隊の視界外海面に不時着した。両中尉は、大破した飛行機の破片につかまり、海上を漂った。

たまたま、練習艦「磐手」や「八雲」が司令官鈴木貫太郎中将（兵学校第十四期、のちに大将）にひきいられ、付近海面に航行してきた。鈴木は、太陽が沈みかかる水平線に何か浮動しているのを発見し、艦隊の針路をそれに向けた。大西と荒木は、これに救われた。

両中尉は、鈴木に情況を報告した。その態度が沈着平然としていたので鈴木は感心し、練習艦隊乗組候補生一同に、二人を激賞して話したという。

大西は大酒を飲み、芸者あそびをし、喧嘩をやり、バクチを打つ男であった。酒と女と喧嘩は発散運動みたいなものだったようである。

バクチについては、大西の妻淑恵から聞いた話として、『特攻の思想』に、つぎのようなことが書かれている。

――大西は麻雀、ブリッヂ、ポーカーなどの賭事《かけごと》に眼がなく、そうとう強かった。また研究熱心でもあった。友人の徳田富二が、あるとき霞ケ浦の航空隊をたずねると、大西は「おれはいま〝大数の法則〟を研究しているんだ」と、ダイスを振って出る目の回数を書き入れた紙を一尺以上も積みあげてみせた。

足立少将によると、この大西と山本五十六がポーカーをはじめると、正反対の性格があらわれるという。山本は口の中でブツブツいいながら、「ああそういうことをされてはかなわんな」と泣き続け、負けが込んでくると「きょうはどうも勘が冴《さ》えてこないんだ」と、終始、泣きを入れる。が、敗ければ敗けたで、金を払うとケロッとしてしまうそうだ。

大西の方はその反対で、終始むっと押し黙ったまま、壮烈な手を打ってくる。勝ちに乗ずると、手がつけられないくらい激しい勝負に出る。そのかわり敗け出すと、下唇を突き出し、唸《うな》り声をあげて攻勢に転ずるキッカケをつくろうとする。ついに負けて金を払う段になると、「こんど、また、やりましょう」と凄《すご》い眼で睨《にら》むという。

大西が「おれは海軍をやめたら博徒になる」といったのは、東京市内の麻雀大会に優勝し、大阪の全国大会に出場する資格を得たときである。しかし、現役の中佐（当時）がそういうこともできないので、偽名のまま出場していたのを幸い、優勝を棄権してしまった。このときから彼は「海軍よりこっちの方がおもしろい」といい出したが、あながちそれはギャンブルに対する興味だけではなく、彼のまわりに蝟集《いしゅう》する無法者の自由な生き方に憧《あこが》れてもいたようだ。——

大正五年（一九一六年）、初の国産複葉水上機が横須賀海軍工廠長浦造兵部で完成された。欧米で技術を学んだ中島知久平機関大尉と馬越喜七中尉（兵学校第三十七期）の共同設計によるもので、横廠式と名づけられた。

中島は、航空の将来に目をつけ、海軍をやめて飛行機製作会社をつくろうとした。中島と意気投合していた大西は、それに協力するためにスポンサーさがしをした。そのころは大西も海軍をやめて、中島と共同で飛行機会社をつくる方が国のためになるし、面白そうだとも思っていたのである。しかし兵科将校の大西は、飛行機製作の技術者である中島とは立場がちがい、海軍をやめる理由がないと上司に言われ、退職を断念した。中島は念願の飛行機製作会社を設立、経営することになった。

海軍を退職するにあたっての中島の辞は、要点をあげると、つぎの三つである。

一つは、戦術上からも経済上からも、大艦巨砲主義をやめて、海軍の空軍化をはかること。（戦艦一隻をつくる費用で飛行機は三千機つくれる。三千の飛行機が魚雷攻撃をすれば、戦艦よりはるかに強い）

二つは、設計製作とも国産機であること。

三つは、民営生産機であること。

大西はこれに全面的に共鳴していたようである。

大正七年十一月から大西は英仏に出張し、戦闘機と偵察機の実習、軟式飛行船のテスト飛行などをやり、大正十年八月に帰国した。この間、日本を出発してまもない大正七年十二月一日、大尉に進級した。

大正九年秋、大西が実行した英国ヴィッカース社製の軟式飛行船テスト飛行について、立ち会った中村龍輔造兵中尉（のちに大佐）は、後年、つぎのように語っている。

「この日、飛行場ふきんの風向の変化がはげしく、着陸が困難と思われた。しかし大西大尉は数回の往復テスト飛行ののち、機首を風に向けて、悠然と飛行場に進んできた。高度は三百メートル。そこで地上の風向風力などの信号をうけ、船体の釣合とエンジンを調整し、ガスを排出して、すこしの行き過ぎもなく、ゆるやかに着陸する鮮やかな操縦ぶりを見せてくれた。ヴィッカース社の代表クレーブン重役、航空部長プラット氏、設計主任ウォーリス氏などの祝辞をうけ、テスト飛行はめでたくおわった。

あとで大西さんから、その飛行計画を聞いたが、じつに綿密周到なので驚いた。考えられるあらゆるデータを徹底的に検討し、最も安全な操作を計画している。重要な着陸操作については地表の突風的傾向まで仔細に調べている。三段構えの用心深い方法を用意していたのだ。

そのように周到な計画で大胆な操縦をやるのだから、並みいる人びとの称讃を浴びるのも当然だと思った」

大西は命知らずの無謀なことを平気でやる男とよく言われるが、考えられるだけのことを考えてから実行していたようである。

たとえば、ガソリンの匂《にお》いがぷんぷんする木製飛行機のなかでマッチに火をつけてタバコを吸うとか、落下傘を二つ背負い、はじめ一つをひらき、途中でそれを捨てて別のをひらいて降下するなどの逸話が、大西の怖いもの知らずの性質を示すものとして語り伝えられている。しかし、そのようなことも、大西にすれば計算ずみだったようである。それにしても、並の度胸ではないこともたしかである。

大正八年、海軍は霞ヶ浦の飛行場敷地として、陸上飛行基地約二百六十万平方メートル、水上飛行基地約一千二百六十万平方メートルを買収した。翌九年にはその敷地の半分以上を整理して、格納庫や兵舎の一部をつくった。

大正十年初夏、英国空軍のセンピル大佐以下三十名の航空教官が日本海軍に招かれて来日、霞ヶ浦航空隊で航空術を教えるようになった。いままで、日本海軍の飛行機操縦者は、功をあせり、単独飛行を早くやりたがり、操縦が非科学的な我流に陥る弊害があった。センピル・ミッション一行の一年間にわたるオーソドックスな教育訓練でそれが修正され、日本海軍航空隊の操縦技術はめっきり進歩した。

センピルは、スコットランドの名門センピル男爵家の当主で、大正三年（一九一四年）七月から大正七年十一月までの第一次世界大戦中に、二十数歳で英空軍代将までつとめた名飛行機乗りであった。

大西は滞英中、センピルに世話になったこともあり、日本海軍側とセンピル側の間の調整に骨を折ったようである。

センピル一行が帰国したあとの大正十一年十一月一日、霞ヶ浦海軍航空隊が誕生し、大西大尉は横須賀海軍航空隊教官兼霞ヶ浦海軍航空隊教官となった。

その十ヵ月ほどまえの大正十一年一月ごろ、大西は横須賀航空隊教官兼飛行船隊長をしていた。一月中旬、湘南地方にはめずらしく大雪が降った。航空隊では、毎日、総員起床後、海軍体操をやるのだが、この日は下士官・兵総員で雪中棒倒しをやることになった。

奇数分隊約三百五十名が白軍、偶数分隊約三百五十名が紅軍である。「打ち方はじめ」のラッパで両軍攻撃隊は喊声《かんせい》をあげ、雪を蹴《け》ちらして敵防御陣に突撃、殴る蹴るの格闘を演じた。第一回は白軍が勝った。第二回は攻撃隊と防御隊が入れ代わって戦ったが、これも白軍の勝ちとなった。

すると、観戦していた大西大尉が進み出てどなった。

「紅軍は元気がないっ。こんどはおれが紅軍に味方する。元気を出してかならず勝てっ。おわりっ」

大西は紅軍攻撃隊の先頭に立ち、ラッパとともに敵防御陣に突撃して奮戦、紅軍の隊員たちも奮い立って戦い、紅軍が勝った。つづいて大西は防御隊の先頭で戦い、これも紅軍の勝ちとなった。

見ていた隊付の大橋富士郎中尉（兵学校第四十六期、のちに大佐）は感激した。このときのことを大橋は、昭和三十九年（一九六四年）に死ぬまでよく覚えていて、人に語った。

「私たちは兵学校入校以来、指揮官の責任がどれほど重大であるかを教えられてきた。部下たちは、右するも左するも、あるいは水火も辞さないというのも、指揮官の態度にかかっている。あの朝、大西大尉がそれを身をもって示した。十人二十人の人数ならともかく、三百五十人ものなかにひとりが加わったからといって、何ほどのプラスにもならないと考えるのがふつうだ。ところが、まったく意外にも、大西大尉がひとり加わったために、あれだけ紅軍が奮い立ち、いままで負けていたのが、つづけて二度も勝ってしまった。

大西さんは、万事あの精神で貫かれたように思う」

大西は、このころ、好んで、「一花はひらく天下の春、一波は動かす四海の波」という辞句を色紙に書いていた。

大正十三年（一九二四年）、大西は海軍大学校甲種学生を受験した。前年不合格で二回めであった。

海軍大学校甲種学生は、高級海軍将校として必要な学術・技能を修得するもので、大尉三年以上の経歴者のなかから銓衡《せんこう》して採用する。筆記試験で約三十名の候補者を選び、海軍大学校に招集し、多数の試験委員により二日間にわたる口頭試問をして、結果を銓衡会議にかけ、最終決定をする。受験回数は三回までで、早い者は大尉の四年目に入学し、おそい者は大尉の六年目に受験して少佐に進級してから入校する。志願者の範囲は、兵学校のクラスでかぞえて四クラスにわたり、採用員数は毎年二十名内外、修学年限は二ヵ年である。

このとき一緒に受験した同期の福留繁は、『大西瀧治郎』につぎのように語っている。

「大西も私も兵学校第四十期の同クラスであるが、職歴のめぐり合せで大尉の最終の六年目の大正十三年に海大を受験することになった。筆答試験に合格して、九月四、五日の両日に亘る口頭試問に召集された。……

受験順序がきまっていて、呼び出されて試問が終れば元の控室に立ち寄らないで、試問場からすぐ帰宅することになっていた。大西の呼び出し順序は私の一番上位であった。

第一日の口頭試問に、『独断専行』という問題があった。試問主任は教官の井上継松大佐（後中将）で、受験者はずいぶん問い詰められいじめられたものであった。

二日目の口頭試問の呼び出しを待つ間の控室で、大西が私にいうには、

『昨日の独断専行はずいぶんいじめられたネー、しかしあれはやネー、結局、責任は自分で負いますということだと思う。おれはそう答えたら、教官はよろしいといって放免してくれたよ』

というのであった。なるほどいわれてみたら大西のいうのが正解で、わたしは問いつめられる苦しまぎれに、いろいろ三百代言式の答をしたが、大西の答は出なかった、と笑いながら話していた。

そこに突然学校の副官が現われて、大西君ちょっと、といって連れ出した。その時は別に気にもかけなかったが、それっきり帰って来ないで次番の私が呼び出された。

どうしたかと案じていたのであったが、後で、『芋掘り』がたたって受験候補者から削除され、その場から帰されたのだとわかった」

この当時大西は、海軍省教育局第三課課員であった。同課は、航空教育に関する業務を担当していた。

「芋掘り」というのは海軍隠語のひとつである。海の蛸《たこ》は芋が好物で、海岸の畑に這《は》い上がり、八本足で芋畑を掘り荒らすという。海軍の者が陸に上がって好物の酒を飲み、暴れて器物などを壊すのもそれに似ているから、「芋掘り」だというのである。

このときの大西の「芋掘り」について、『大西瀧治郎』にはこう書いてある。

――公務で口頭試験の前日（第一日目の前日）横須賀に行き、その晩同地の料亭で、友人達と酒食を共にした際、座に侍った芸者の取りもちが気に喰わぬといって、殴りつけたというのである。……

大西のこの芋掘りは、土地の風習を知らぬ来たばかりの新米芸者であったため、ポカリとやられて、びっくり仰天、いきなり憲兵隊に訴え出たり、又旦那と称する者が聞きつけたりして、翌日の地元新聞にデカデカと掲載されてしまった。それが横須賀鎮守府で問題となり、大学校学生銓衡規則の素行優良なる者とかなんとかの条項に違反するというので、第二日の口頭試験に呼び出される直前に、候補者取消しの一幕となった次第である。——

草柳大蔵の『特攻の思想』には、

——その二、三日まえ、大西は部下を連れて横須賀の料亭にあがったが、座敷によんだ芸者のうち〝ぽん太〟というのが、終始ふくれ面をしていたらしい。大西はそれを見咎《みとが》めて、「芸者というものは座敷に出たら愛想よくするものだ。それが商売だぞ」と説教した。ところが、ぽん太はいよいよ不愉快な空気をつくる。たまりかねた大西が、「しっかりせい」とぽん太の頬《ほお》を打った。日頃、浴びるほど飲んでも、芸者に手をかけるような男ではない。なにかの拍子であったのだが、ぽん太は憤然として席を立ち、市内にすむ兄に殴られたことを告げた。その男が渡世人であったからたまらない。新聞記者に妹が座敷で侮辱されたことを告げたため、「海軍軍人・料亭で芸妓《げいぎ》に乱暴」といった調子の記事が、紙面をにぎわした。あいにく、その新聞記事の出た日が大西の受験日にあたっている。それによって試験官は「受験資格なし」と判断したもののようである。

しかし、大西は海大失格をさほど気にもしていない。江田島の海兵で教官をしていた寺岡（謹平）に宛てて「キサマハゴウカク、オレハダメ」という電報を打ち、つぎに顔を合わせたときはケロッとしていたという。——

とある。

私もそのようなものだろうと思っていた。ところが、昭和五十九年（一九八四年）春ごろ、ある旧海軍士官から、つぎのようなことを聞いた。

「四十期前後のある人から聞いた話では、それがちょっとちがうんだ。大西さんが、そのS（シンガー、芸者）に、今夜はおれとストップ（お泊まり）しろと言ったんだが、Sが承知しない。彼は腹を立てて、寿司の上にワサビがついたマグロを箸でつまみ、Sにいたずらしようとした。Sはふくれて相手にしない。それで殴ったかどうかはわからないが、Sが座敷から飛び出した。そういうことだというんだ」

もちろんこれは伝聞で、証拠はない。しかし、座敷で愛想のわるい芸者がほっぺたを一発殴られたぐらいで、名の通った新聞が大きく書くとも思われない。何かそれなりの理由があったから書いたのであろう。

海軍大学校が「受験資格なし」としたのも、大西に理がないと判断したためではなかろうか。

このような不始末のあと、大西はつぎのような印刷物を知己朋友にくばって弁明した。とくに年老いた故郷の父に心配をかけたのがすまないと言って、頭をかきながら友人に語ったという。

「急告　本月五日、各新聞（新聞名は不明）に掲載の小生の記事は、知友諸士に意外な御配慮を煩し恐縮仕候。右は事実相違のかど多々有之、小生の一身上に何等御配慮を煩わす点無之、相不変の所に勤務罷在候間、此段御安心下され度候。

右乍略儀紙上を以て御礼旁《かたがた》御通知申上候。　早々敬具

大正十三年九月十日　　　　　　　海軍省教育局第三課　大西瀧治郎」

ここに、「右は事実相違のかど多々有之」と書いているが、大西は、名誉毀損でぽん太や新聞各紙を告訴しなかった。子どものころ大西は、母親に、「わるいことをしてその上に仕返しをするとは二重にも三重にもわるい」ときびしく戒められた。このとき大西はそれを思い出したかもしれない。

国を以て斃るるの精神

大西は昭和三年（一九二八年）二月二十一日、神田順天中学の創立者松見文平の次女嘉子（のち淑恵と改名）と結婚した。水上機母艦「能登呂」の少佐分隊長で三十六歳のときである。

それは見合い結婚であった。両家の見合いは佐世保市内の料亭でおこなわれた。松見家の方が切り出した。

「嘉子は再婚ですが」

「ああ、そんなことかまいません。私なんか、何婚か、わかったものではありません」

大西はそう言って、カラカラ笑った。

そこへ芸者たちがどやどや入ってきた。大西がよんだのである。芸者たちは見合いの席と知ると、かしこまるようにした。大西は、

「お前たちも、おれにゆかれて淋しかろうが、我慢せい」

と言って、みんなを笑わせた。

彼は、嘉子（のち淑恵）や彼女の親族に、自分と芸者たちの間柄はこのようなものだ、と示してみせたらしい。

淑恵の母親が、大西の額の三ヵ月形の傷跡を見てたずねた。

「軍務上のお怪我ですか？」

大西はしばらく考えたが、やがてにこにこして答えた。

「先夜、上の方から拳骨らしきものが降ってきましてなあ」

思いもよらないことがつづいて、淑恵は口もきけないほどおどろいていた。

そのうち大西は、「私の口はたいしたものです」と言った。

「イギリスに留学するとき、船の甲板で運動会がありましてね。盥《たらい》に水を張ってリンゴを浮かべ、手を使わないで口にくわえて走るんです。私はその競技で断然優勝したんですよ。そうしたら翌朝の船内新聞に、『日本の海軍将校の口は並はずれて大きかった』と出ているじゃないですか。憤慨しましたなあ」

一座は大笑いになった。

「じつに物事の本質をわきまえない記者がいるもんですなあ。私がリンゴをうまくくわえたのは、口が大きいからではなくて、リンゴを盥の底に押しつけてくわえたからですよ」

淑恵や松見家の親族は、明けっぴろげの大西を信用する気持になった。

大西が三十六歳まで結婚しなかったのは、当時の飛行機乗りは事故死が多かったからというのがひとつである。『大西瀧治郎』によると、大西と同期で飛行学生になったのが十五名、そのうち五人が飛行訓練で死亡し、あとの十名も三度や四度は事故にあっている。大西は数回死にそこなっている。

しかし、昭和になったころから、飛行機の安定性がよくなり、搭乗員の待遇もよくなり、嫁の志願者もふえて、飛行機乗りの結婚難も緩和されてきた。

もうひとつは、大西には、結婚に至るまでの女性がいなかった、ということである。酒を飲んでSプレー（芸者あそび）をやっているうちに、いつの間にか三十六歳になっていたようである。

このような事情のために見合いをした。相手は家柄のいい美人だが、再婚の女性である。しかし、いい年になった大西にすれば、初婚であろうが再婚であろうが、いい女性であればいいというものだったのであろう。もっとも、淑恵の方からすれば、初婚であったら、危ない飛行機乗りなどとは、見合いをするようなこともなかったかもしれない。

両家の見合いをとり持ったのは、井上四郎少将（兵学校第三十一期）であった。大西は、見合いまえから、淑恵との縁談に乗り気だったらしい。松見家あてに、自分の顔立ちについて、「眉目秀麗とはゆかずとも、目鼻立ちはハッキリ致して候」という手紙を書いている。

大西の嫁の条件についての考えはまちがっていず、淑恵は、願ってもないいい伴侶となった。残念なのは、子どもができなかったことである。子どもができていたら、大西の人生も、かなりちがったものになっていたにちがいない。

昭和七年（一九三二年）十一月、大西は空母「加賀」の副長となった。中佐の三年めであった。三ヵ月後に艦長として野村直邦大佐（兵学校第三十五期、のちに大将）が着任した。「加賀」は司令官及川古志郎少将（兵学校第三十一期、のちに大将）の第一航空戦隊旗艦として艦隊訓練に参加した。だが野村は航空に素人なので、飛行訓練は大西が一手にひきうけて指導した。訓練でとくに困難なのは、夜間の離着艦、洋上航行の敵艦隊黎明攻撃、悪天候下の飛行などである。だが「加賀」では、一年間を通じて殉職者をひとりも出さず、訓練成績も抜群で、全艦隊の評判になった。野村は後年、この当時のことを、

「部下たちが大西副長を信頼していたことと、副長の指導がよかったから、ああいういい結果が出たのだ」

と言っている。用意が周到で、気合いが入っていたというのである。

当時「加賀」乗り組みの内藤雄中尉（兵学校第五十二期）は爆撃分隊の分隊士であった。ある日、飛行機隊は演習参加準備を完了し、飛行甲板で待機していた。出発時刻が来たが、雨が降りつづき、視界が悪い。搭乗員たちは、

「これでは無事に帰れないぞ」

と話し合った。艦橋の参謀たちは、演習に大きな要素となっている「加賀」の飛行機隊を、ぜひ発進させたかった。だが事故を起こせば取り返しがつかない。思い余って、参謀と飛行長は大西に相談に行った。大西はただちに搭乗員を整列させ、すごい声でどなった。

「みんな飛んで行って、死んでこい」

搭乗員たちは雷に打たれたようにぴりっとして、飛行機に走った。

「加賀」飛行機隊は悪天候をついて任務を果たし、全機無事帰艦した。

内藤はのちに連合艦隊航空参謀として、古賀峯一司令長官とともに昭和十九年三月三十一日夜殉職するが、それまでに「加賀」でのこの話をよく人に語っていた。

門司親徳が『空と海の涯で』で書いているように、大西は西郷隆盛を筋肉質にしたような容姿をしていた。若い飛行将校たちは、大西の周到な計画と大胆な実行に接して、「西郷隆盛を科学したような男」と評していた。このことばは木に竹をついだようなところがあるが、容姿・性質と仕事のやり方を、このように表現したものであろう。


大西は中学生のときは広瀬中佐を崇拝していた。しかし、三十代半ばから四十代になると、広瀬中佐ではすまなくなる。いつからか西郷隆盛に手本を切りかえたようである。昭和九年秋、山本五十六少将（兵学校第三十二期、のちに元帥）がロンドン軍縮会議予備交渉に出かけるまえ、当時海軍大佐で佐世保航空隊司令であった大西は、山本に、西郷遺訓のつぎの一節を軸物として贈った。四十三歳《たお》のときである。

一、正道を踏み、国を以て斃るるの精神無くば、外国交際は全《まった》かる可《べ》からず。彼の強火に畏縮《いしゅく》し、円滑を主として、曲げて彼の意に順従する時は軽侮を招き、好親却《かえっ》て破れ、終《つい》に彼の制を受くるに至らん。

一、国の凌辱《りょうじょく》せらるるに当りては、縦令《たとい》国を以て斃るるとも、正道を践《ふ》み、義を尽すは政府の本務なり。然《しか》るに平日金穀理財の事を議するを聞けば、如何《いか》なる英雄豪傑かと見ゆれども、血の出る事に臨めば、頭を一処に集め、唯目前の苟安《こうあん》を謀《はか》るのみ。戦の一字を恐れ、政府の本務を墜しなば、商法支配所と申すものにて、更に政府に非ざる也。

国家の正道とは何かが問題だが、大西は、日本の朝鮮併合、満州、中国進出は国際正義に反するものとは考えていなかったようである。「国家の正道」というより、「国を以て斃るるの精神」で交渉し、あとに引くなということであろう。これを送られて山本がどう思い、どう返事したかは、大西家の文書が昭和二十年四月の空襲で焼失してしまって、不明である。ただ、大正末期から航空畑に入り、航空軍備の拡充をはかり、大西に目をかけていた山本が、これを受けて尊重したことはまちがいなさそうである。

山本五十六は大正十三年（一九二四年）九月一日、海軍大佐で霞ヶ浦海軍航空隊教頭兼副長となった。彼はもともとは砲術科だが、世界の趨勢から航空に目をつけて、航空畑に飛びこんだのであった。霞空教頭のあと山本は、昭和三年から四年にかけて空母「赤城」艦長、五年から八年にかけて航空本部技術部長、八年から九年にかけて第一航空戦隊司令官になっている。ロンドン軍縮会議予備交渉から帰国したあとの昭和十年から十一年にかけては航空本部長をやり、その後海軍次官、連合艦隊司令長官となる。

ロンドン軍縮会議予備交渉はけっきょく物別れとなり、世界は無条約時代、無制限軍備拡張時代に入り、やがて太平洋戦争に至る。

これより五年余りのちの昭和十五年一月、米内光政大将が首相になったあと、当時海軍少将で中国派遣の第二連合航空隊司令官であった大西は、米内に、日ごろ最も好んで暗誦する西郷遺訓の一節を軸物として贈っている。そのころ米内は、日独伊三国同盟締結を阻止し、米・英と友好関係を保ち、中国の蒋介石政権と和を結びたいとはかっていた。

　西郷南州翁征韓論口述。太政大臣な、篤《とく》と聞いて置いて下され。今の太政大臣でなく王政復古明治維新の太政大臣でごわす。日本を昔から小日本で置くも、大神宮の御詔勅の通り、大小広狭の各国も引き寄せて天孫のうしはき給う所とするも、皆おはんの双肩にかかっており申すでごわす。日本もこの儘《まま》では、何時までも島国の形体を脱することは出来申さぬ。今や好機会、好都合でごわすので、欧羅巴《ヨーロッパ》の六倍もある、亜細亜大陸に足を踏み入れて置かんと、後日大なる憂慮に遇《あ》いますぞ。朝鮮と清国とはこけ威しで決して恐るるに足り申さん。魯西亜《ロシア》は国民の耳目を外国にそらさんことを終始致し申さんでは自己の身体が危いのでごわす。大兵を出して日本を征するなんちゅうことはとても出来ません。今おいどんが言う事をお聴きにならんと、後日此倍もまた其倍も骨が折れ申す。そしてどう骨を折ってもおいどんが今言うことをせんばならんとごわす。どうでも日本の神慮天職でごわすけん。結局朝鮮な外垣として、後に朝鮮な策源地として、魯西亜と手を引き合うことになり申す。然し一度は戦争をしませんと、相手の事情も本当に呑み込みまっせんから、仮令《たとい》仲良くなりましても、皮相の同盟で誠意の同盟は出来ませんから、一寸の利害で直ぐ崩れますぞ。この通りなり行くことはこの隆盛が判断したことではなか。実は天祖の御神旨、日本の国命がこの通りでごわすから、いやでも遅かれ左様になり行きます。おはんなおいどんより年下じゃけん、おいどんより後に生き残りましょうで、只今申した事はよう覚えちょって下され。

『大西瀧治郎』には、このことについて、

――大西が三国同盟に関連してこの遺訓を米内総理に贈ったことは、彼の自記によって明かであるが、どういうつもりで贈ったのか真意が明かでない。彼は当時航空本部教育部長であった（大西が同部長であったのは昭和十四年〈一九三九〉十月までで、その後は二連空司令官になっているから、これは誤り）が、三国同盟論者ではなかったようだから、同盟締結の促進を慫慂《しょうよう》した意味では無論なかったであろう。察するに、大西郷のように毀誉《きよ》褒貶《ほうへん》を度外視した大政治をやってもらいたいというのであって、かねて彼が共鳴している遺訓の一節を贈ったというのではなかろうか。――

と書かれている。

しかし、この解説は、的を射たものではないようである。西郷の征韓論は、「朝鮮を討ち、亜細亜大陸に足を踏み入れて置け」というものである。米英と友好関係を保ち、中国と和を結ぶために、日独伊三国同盟締結を阻止しようというものとは、反対にちがい。大西が三国同盟締結を促進したくないとすれば、それにふさわしいものを贈るはずだ。「大西郷の毀誉褒貶を度外視した大政治」と言っても、具体的には「朝鮮を討ち、亜細亜大陸に足を踏み入れて置け」ということである。大西は、朝鮮・満州・中国の支配をつづけるためには、一歩も後に退くな、必要とあらば、三国同盟も締結すべきであるという意見ではなかったろうか。西郷に私淑する大西のこのような思想は、やがて、中国、ついで米英と、「国を以て斃るる」とも戦うというものに行きつくことになるようである。

戦闘機無用・戦艦無用

　昭和九年（一九三四年）十一月、大西大佐は横須賀海軍航空隊副長兼教頭となった。大西のことを、蔭《かげ》で部下たちは、よく言えば「瀧《たき》さん」、わるく言えば、「喧嘩《けんか》瀧兵衛」「瀧兵衛」などと言っていた。

　このころから大西は、山本五十六中将、源田実大尉と結び、「航空主兵・戦艦無用論」の実現に猛進しはじめた。

　戦後、山本五十六を英雄としてもてはやすのと並行して、「大艦巨砲主義」が時代おくれで、山本が主張する「航空主兵・戦艦無用論」が正しく、山本の言うとおりの海軍軍備をすすめていれば、アメリカにたいして、最後には負けたろうが、あんなぶざまな負け方はしなかったろうという説が一般にうけ入れられ、いまでもそれが定説のようになっている。

　新しく花やかなものがもてはやされるのは世の常で、戦後、左翼文化人がもてはやされたのもそうしたものであった。しかし、一見よく見えるものも、中味をよく調べてみると、現実性がとぼしく、そのとおりにすればたいへんな目に会うことがよくある。

「航空主兵・戦艦無用論」も、じつはそれに似たものであった。なぜかと言えば、アメリカの工業力は日本の十倍で、短期間に多数の飛行機ができるし、搭乗員も、人口が多く、自動車運転ができる者が多いアメリカの方が短期間に多数養成できるので、航空一辺倒で戦えば、やがてアメリカが圧倒的に有利になるからである。

しかし山本は、戦艦は飛行機にかなわない、あっても無駄だと判断していたようである。

山本が昭和十年（一九三五年）十二月に航空本部長になったとき、超弩級戦艦「大和」「武蔵」を建造するかしないかで、海軍部内の意見調整がおこなわれていたが、彼は絶対反対であった。

「将来、飛行機の攻撃力は増大し、砲戦がおこなわれるまえに、戦艦は空から撃破されるから、今後の戦闘には、戦艦は無用の長物になる」と言うのである。

「大和」「武蔵」の設計担当は日本造船界の権威である平賀譲造船中将と福田啓二造船少将の二人だが、山本は福田の部屋に行き、

「水を差すようですまんがね、君たちは一生懸命やっているが、いずれ近いうちに失職するよ。これからは海軍も、空軍が大事で、大艦巨砲は要らなくなる」

と言ったりした。

山本が戦艦部隊をあてにせず、使おうともしなかったことは、

「戦艦などは床の間の飾りみたいなもので、旗艦用に二隻あればいい」

というようなことを言っていたことからも、また、太平洋戦争開戦後も戦艦部隊をほとんど無用の長物としていたことからも、明らかである。

ところが米海軍は、戦艦部隊に多数の護衛戦闘機をつけ、サイパン、レイテ、硫黄島、沖縄などの上陸作戦に恐るべき威力を発揮させていた。

日本海軍はフィリピン沖海戦ではじめて戦艦部隊の栗田艦隊を主力として使ったが、護衛戦闘機を一機もつけず、米潜水艦と米軍機に一方的にたたかれて大敗した。

アメリカが戦艦を有効に使い、日本が使えなかったのは、戦闘機によって制空権をにぎることができたか、できなかったかのちがいであった。戦艦を有効に使うためだけではなく、機動部隊の海戦でも、戦闘機によって制空権をにぎった方が勝ったのである。

昭和十八年に入ってから、日本海軍が米海軍に勝てなくなったのは、制空権を米海軍に奪われたからであった。

そのようになった原因のひとつが「戦闘機無用論」であった。その主唱者が源田実、小園安名で、賛成支持者が大西瀧治郎、山本五十六などであった。

源田の同期の戦闘機乗りで元海軍大佐の柴田武雄（兵学校第五十二期）は、当時源田が主唱し、大西が賛成し、山本が採用した「戦闘機無用論」について、『仮称海軍戦闘機隊史資料（論争関係）』という印刷物で、その経緯をくわしく書いている。なお、源田主唱の「戦闘機無用論」は、時事通信社発行の『日本海軍航空史・第一巻・用兵篇』（編纂《へんさん》委員会代表山本親雄・兵学校第四十六期・元海軍少将・軍令部作戦課長）にも、きちんと書かれている。

柴田の「資料」から要点をひろってみる。

――私は昭和十年から十二年八月支那事変勃発《ぼっぱつ》直後まで、正面きって積極的に「戦闘機無用論」に反対し、戦闘機の有用なことを力説した。

しかし私以外は、一部の少壮士官をのぞき、「戦闘機無用論」に内心反対でもおおむね消極的で、戦後『日本海軍航空史』が有志の方々により編纂されることになったときも、同編集がかなり進んだ段階においてすら、編集委員会中だれひとり「戦闘機無用論」をとりあげている者はいなかった。

幸い偶然の機会に右のことを知った私は、山本親雄元海軍少将に、「太平洋戦争における大敗の重大原因の一つともいえる『戦闘機無用論』が欠けていては、『日本海軍航空史』に大きな穴があくから、ぜひともそれを記載していただきたい」と要請し、その結果、同航空史用兵篇の中に私のかんたんな意見とともに、「戦闘機無用論」が織り込まれることになった。――

これが「まえがき」である。編集関係者たちがこれを織り込むことをためらったのは、主唱したのは源田（もうひとり、小園安名大尉＝兵学校第五十一期・のちに大佐、終戦時反乱を起こした厚木航空隊司令）だが、賛成もしくは共謀したのが大西で、採用したのが山本という元権力者たちであったために尻ごみしたものである。

昭和十年なかごろ、柴田は海軍大尉で、大村海軍航空隊戦闘機隊の第一分隊長をしていたが、ある日、戦闘機乗りの先輩岡村基春《もとはる》少佐（兵学校第五十期）から聞いて、「戦闘機無用論」が航空隊内で問題になっていることを知った。

　まもなく彼は、「戦闘機無用論」の発生源が海軍航空隊の中心である横空（横須賀航空隊）で、主唱者が同空戦闘機分隊長源田実大尉であることを知って唖然《あぜん》とした。（小園大尉も主唱者のひとりであるとは、のちに知る）

　源田の理由は、「目標が高速化してタマが当たらない」ということであった。そこで柴田は、源田が高速という時速百ノット（約百八十五キロ／時）以上の速度の吹流しにたいし、大村空戦闘機隊の舟木忠夫大尉（兵学校第五十四期）に、戦闘機の射撃角度を小さくして射撃させたところ、よく命中した。源田に知らせると、源田はつぎに、「たとえ当たってもタマが跳ねかえる」と反論してきた。射角が小さいので、機体に当たっても内部に突きぬけず、跳ねるというのである。柴田は、命中したときに炸裂する弾丸と、七・七ミリでなく十三ミリあるいは二十ミリなど大口径の機銃を使うこと、あるいは目標の前下方から攻撃することなどを提唱した。

　このような情勢のなか、柴田は昭和十年十月三十一日付で横空分隊長兼教官に発令され、十一月上旬、同空に着任した。

　それからまもないある日、彼は横空庁舎の廊下でばったり副長の大西大佐に出会い、

「柴田君、ちょっと来たまえ」

と、ガランとした空部屋に連れこまれた。大西は高飛車に口を切った。

「君は『戦闘機無用論』に反対のようだが、僕は戦闘機などいらないと思うよ」

柴田は、大西もかと愕然《がくぜん》としたが、ひるまずに、

「攻撃機隊に戦闘機の掩護をつけなかったらやられてしまいますよ」

と反論した。

「いや、その掩護戦闘機こそいらない」

大西は自信ありげに言い切った。柴田はあきれて黙った。

その後柴田は、大西と、似たような論争を数回つづけた。大西は、論争のはじめにいつも念を押した。

「まだ反対かね」

何回めかに、柴田が、

「空母には防御戦闘機がぜったいに必要ですよ」

と述べると、

「僕も防空用戦闘機の必要は認める。しかし掩護戦闘機だけはいらない」

と言うのであった。

柴田は、このままでは大西、源田の主張が通り、戦闘機隊が弱小化されると思い、いくつか論文を書き、海軍部内関係者たちに見てもらうことにした。

㈠、「艦隊決戦時における戦闘機の用法」に関する論文の発表
など六種類で、戦闘機の有用性や、改良すべきことなどを書いたものであった。

㈠は、当時横空で極秘書類として正式に出版された。つぎのようなものである。

戦闘機空母部隊（戦闘機と、何機かの偵察機だけ搭載）を主力部隊（戦艦部隊）のかなり前方に配し、（たとえば百カイリ〈約百八十五キロ〉前方）敵攻撃隊を空中で撃滅する。戦闘機と攻撃機の空戦における撃墜比率は五対一（戦闘機が圧倒的に強い）である。

同時に、戦闘機による降下爆撃によって敵空母の甲板を最小限一時使用不能にする。

つぎに主力部隊のやや前方に配したふつうの空母部隊（機動部隊）から、敵空母にたいし、戦闘機の掩護のもとに攻撃機隊による攻撃をかけ、敵空母を撃滅する。

最後に、主力部隊のふきんに配した「防空空母」（戦闘機と、少数の偵察機搭載）の戦闘機による制空権下に、敵観測機（艦砲の弾着観測をする）を掃蕩し主力部隊の決戦を有利に展開せしめる。

もちろん、この戦法を実現するためには、「戦闘機無用論」どころか、多数の戦闘機を必要とする。また、戦闘機搭乗員を急速養成するほか、戦闘機関係全般を大々的に増強しなければならない。

しかし大西は、彼が主催する各種の研究会で柴田が質問をしなくなったことと、大西の意見にタテつく論文を発表したことに、内心激しい怒りをおぼえていた。

昭和十一年（一九三六）四月、大西は、海軍航空本部長山本五十六中将の指名をうけて、山本の腹心ともいうべき同本部教育部長となった。それに先立ち、横須賀の料亭魚勝（通称フィッシュ）で、横空士官たちによる彼の送別会がひらかれた。席上、酒の入った大西は、

柴田をよびつけ、

「君はなぜ質問しないか」

となじり、いきなり殴りつけた。柴田は、(えらそうに論文などを書いたりしないで、研究会で質問したり、意見を述べろ、最後の判断は大西がやる)ということかと思った。

昭和十三年(一九三八年)五月上旬、航空本部内で、大西教育部長主催の「十二試艦戦に関する研究会」がひらかれた。十二試艦戦は昭和十五年七月末、「零式艦戦」(零式艦上戦闘機、通称零戦)として採用されるものである。

源田と柴田は、十二試艦戦の性能にたいする意見で対立していた。源田は対戦闘機格闘戦性能を優先させ、航続力・速力はその分犠牲にしていいと主張していた。つまり遠距離の目標に行く攻撃機隊の掩護はしなくていい、という意見である。柴田はそれと反対で、攻撃隊掩護のために航続力・速力を優先し、格闘力はその分犠牲にしていいという意見であった。そのようにしても、十二試艦戦の格闘力は九六式二号艦戦一型とだいたいおなじで、諸外国の戦闘機に優るし、操縦伎倆《ぎりょう》を上げれば十分に戦えるというものである。

源田は大西の腹心であるかのように、大西のそばに着席していた。

柴田は自分の見解を説明するために、「各種戦闘機の空戦性能比較表」を黒板に張った。

とたんに大西がどなった。

「そんなものは机上の空論にすぎないっ」

柴田は、(何を言ってもダメだ)と思い、それをはがし、席にもどった。彼は横須賀魚勝でのことを思い浮かべた。（あのとき大西大佐は「君はなぜ質問しないか」と言って殴った。ところが今日は、意見を言おうとしたら、権力でそれを封じた。無茶苦茶だ）

その夜、東京のある料亭で、関係者たちの宴会があった。席上、大西は柴田を責めた。

「君はこのさいいさぎよく骸骨《がいこつ》を乞《こ》うんだね」

念のために言うと、辞職しろということである。

昭和十五年（一九四〇年）七月十五日、横山保大尉（兵学校第五十九期）指揮の新戦闘機零戦六機は中国の漢口に進出した。漢口基地には第一連合航空隊司令官山口多聞少将と、第二連合航空隊司令官大西瀧治郎少将の二人の猛将がいた。当時、一連空、二連空の中攻（九六式陸上攻撃機）隊は連日重慶爆撃に出動していたが、敵戦闘機隊のために、そのつど何機か撃墜されていた。

テスト飛行をくり返し、故障しやすい箇所の整備を完了した八月十九日、後続の六機をふくめ、横山大尉のひきいる零戦十二機は、中攻隊五十四機とともに重慶に進出した。零戦の初陣であった。高度六千メートル。しかし、敵戦闘機は、零戦隊をおそれて一機も姿を見せなかった。

九月十三日、進藤三郎大尉（兵学校第六十期）のひきいる十三機の零戦隊は、重慶爆撃終了の中攻隊とともに、いったん帰りかけ、ふたたび重慶に突入した。そこには敵のＩ15、Ｉ16戦闘機約三十機が群がっていて、たちまち激しい空戦となったが、零戦隊は二十七機を撃墜し、全機無事帰還した。零戦の性能がよく、とくに二十ミリ機銃二梃の威力が凄かった。

大西、源田らは、掩護戦闘機は不要としていたが、実戦ではぜったいに必要ということが、これで実証されたのであった。

堀越二郎（三菱技師）、奥宮正武（兵学校第五十八期）共著の『零戦』には、「十二試艦上戦闘機計画要求書抜粋」の「一、用途」として、「援護戦闘機として敵の軽戦闘機よりも優秀なる空戦性能を備え」と書いてある。しかし、本物の「十二試艦上戦闘機計画要求書」の原文は、「第一項、目的」として、「攻撃機ノ阻止撃攘ヲ主トシ尚観測機ノ掃蕩ニ適スルト同時ニ敵戦闘機トノ空戦ニ於テ優越スル艦上戦闘機ヲ得ルニアリ」と書いてある。

これについて柴田は、『仮称海軍戦闘機隊史資料』のなかで、

――堀越・奥宮共著『零戦』の九九ページ下段に書いてある十二試艦上戦闘機計画要求書抜粋（ほぼ原文のまま）一、用途のまっさきにうたっている援護戦闘機として……云々は戦後に書いたもので、零戦の実績に基づく結果論的作文であることが明白である。……ちなみに、数年前堀越氏が生存中、同氏に電話で尋ねたときも、奥宮氏に電話できいたときも、なぜそのように本当の原文とちがうものになったか、誰が書いたのかわからない、という返事しか得られなかった。（堀越氏は、自分で書いておきながらわからないとはまことに申し訳ない、とあやまっていたが）

……ただし、堀越技師以下三菱グループの天才的努力と中島（中島飛行機製作所）の栄発動機との結合によって誕生した「零戦」の最大の特徴を一つだけあげるとすれば、歴史的実績が如実に物語っているその大航続力でなかったろうか。――

と書いている。

堀越・奥宮の『零戦』のなかのフィクション（作文）は、だれが、何の目的で書いたのであろうか？

柴田は、昭和四十六年（一九七一年）に『源田実論』（思兼書房《おもいかね》）という新書判の本を出しているが、そのなかで、つぎのようなことを書いている。

――山本五十六中将（後元帥）と大西瀧治郎大佐（後中将）を、「戦闘機無用論」の賛成者としたわけは、当時の海軍航空界における実力「権力」ナンバーワンである山本五十六中将とナンバーツーである大西瀧治郎大佐（右の二人は源田をも含めて、特に深く互いに信頼し合っていた）が賛成しなければ、昭和十二年初頭の兵力配備において、実際に戦闘機が削減されるようなことはなかった（山本中将と大西大佐が賛成したからこそ削減された）という私の判断によるものである。――

そして、前記『資料』のなかでは、

――なお付言すれば、掩護戦闘機を積極的に使用する兵術思想は、支那事変における貴重な戦訓にもかかわらず、航空作戦上きわめて重要な要素として当時（昭和十三年四月頃）はまだ定着していなかったことは、中央当局が、戦闘機数・搭乗員数その他戦闘機関係全般を急速に倍加する方策を打ち出さなかったことが如実に物語っている。

なんとなれば、掩護戦闘機というものが、戦闘機の威力が正当に評価されて、航空作戦上きわめて重要な要素として定着すれば、従来の防御的用法を主としたものに攻撃的用法が加わるので、軍備上当然戦闘機関係を倍増する必要があるからである。（いや、あとで定着してからも、戦闘機数は依然として少なかった）――

と書いている。

源田実は、その著『海軍航空隊始末記 発進篇』（文藝春秋）で、「戦闘機無用論」について、つぎのように書いている。

――一方、第一連合航空隊の中攻隊は、この間前述の如く、大陸奥地までもその攻撃の足を延ばし、八月下旬（昭和十二年）には一部をもって南支広東方面の攻撃を実施し、文字通り全支をその翼下に置くに至ったが、敵の政治、軍事の中枢たる南京方面に対しては、強力なる戦闘機の阻止を受けるため昼間攻撃は中止せざるを得なかった。已《や》むを得ず夜間攻撃によったのであるが、これとても敵機の妨害によって時に被害を出すのみならず、夜間攻撃の当然の結果として決定的戦果を挙げることは不可能の状態にあった。

それと言うのも、南京を中枢とし、その周囲の衛星基地には五〇機以上の敵戦闘機が蟠踞《ばんきよ》し、強力なる防空の壁を作っていたからである。日華事変勃発前においては、中攻の出現と共に、戦闘機無用論まで一部に出ていたのであるが、実戦の結果は、この見解が完全に誤りであることが立証せられた。開戦初頭の大きな被害は、悪天候による低空爆撃に原因するものとも考えられたが、その後天候回復して中高度乃至《ないし》は高々度爆撃が実施せらるるに至って、地上砲火による被害は激減したが、戦闘機による被害は、開戦当初程ではなかったが、相変らず相当の高率を以て続いた。唯、中攻隊が相当多数機を以て、緊密なる編隊を以て行動するときのみ、ある程度被害を極限することが可能であった。——（傍点筆者、源田は自分が主唱者なのに、他人の説のようにしている）

「中攻の出現とともに」というのは、昭和十年夏、試作第一号機が完成した九六陸攻が最大速力百七十五ノット（当時では高速、約三百二十四キロ／時）、七・七ミリ旋回機銃も二梃あるから、戦闘機に負けない、と幻想を抱いたわけである。

ところで「戦闘機無用論」は、単に「掩護戦闘機」が要るか要らないかというだけの問題ではなかった。もっと根が深いものであった。それは、「航空主兵・戦艦無用論」の実現に欠かせない一手だったのである。

山本、大西、源田たちは、従来、海軍の権力をにぎってきた砲術科将校たちにとってかわり、自分らの思いどおり、「空軍化した海軍」にしたいと思っていた。そのためには、敵戦艦、空母などを撃沈できる艦上爆撃機、艦上攻撃機、陸上攻撃機などの攻撃兵力を強大にしなければならなかった。しかし予算に限度があるので、戦闘機をできるだけ減らし、その分を攻撃機の増強にまわそうとしたのである。

源田実は、『海軍航空隊始末記　発進篇』につぎのように書いている。

——敵の航空母艦を先制空襲して、制空権下の艦隊決戦に持ち込もうとする思想は、前にも述べたように日本海軍航空部隊の強い念願であった。

米国海軍も同じく制空権下の艦隊決戦を考えていたのであるが、彼等の思想は、少なくとも昭和初期においては我海軍と異質のものであったようだ。我海軍は母艦搭載機の主力を攻撃機や爆撃機に置いて、戦闘機は副としていた。殊に攻撃の最大威力である雷撃隊については、当局としても力を入れたが、練度も高かった。これに反し、米海軍は、母艦搭載機の半数は戦闘機をもって充当していた。

制空権下の艦隊決戦といっても、日本側は敵の航空母艦を撃沈して制空権を獲得しようとしていたのに対し、米側では決戦場に優勢な戦闘機隊を配置し、日本側の弾着観測機やその他の飛行機を排除して決戦場の制空権を戦闘機の力によって把握せんとしていた。

太平洋戦争の経過や、米海軍のその後の方針転換などを考えると、この制空権獲得の戦法は、日本海軍の方が遥《はる》かに賢明であったように思われる。戦場上空の制空権を掌握すべき戦闘機隊の重要なることは充分了解できるのであるが、やはり戦闘においては、攻勢をとり、敵航空兵力の根源たる航空母艦を叩《たた》く方が、先決問題である。――

「日本海軍の方が遥かに賢明であった」とか、「航空母艦を叩く方が先決である」というのが当てはまるのは、米海軍もまだ戦闘機が多くなくて、日本の攻撃機隊が米空母に雷・爆撃がやりやすかった昭和十七年五月八日の珊瑚海海戦ごろまでであった。そのあとは、掩護戦闘機のすくない日本の攻撃機隊は多数の米戦闘機隊に大半撃墜されて米空母を叩くのが困難になったというのが実状であったが、何を根拠にこう言っているのか、ふしぎである。戦闘機隊を軽視した「日本海軍の方が遥かに愚劣であった」というのがほんとうである。

このように、山本、大西、源田たちの考えは、一に攻撃機隊、二、三がなくて四に戦闘機隊、なくていいのが戦艦戦隊といったものであった。彼らには、現存する戦艦をどう活用するかという幅の広い考えはすこしもなかった。戦艦は彼らにとってのジャマ物にすぎなかった。

源田は昭和十年（一九三五年）暮れ、海軍大学校甲種学生となった。昭和十一年四月ごろ、戦略教官から、「対米作戦遂行上、最良と思われる海軍軍備の方式に関して論述せよ」という課題を出され、

「海軍軍備の核心を基地航空部隊と母艦群航空部隊に置き、潜水艦部隊をしてこれを支援せしむる構想により、海軍軍備を再編成し、これ等部隊の戦力発揮に必要な駆逐艦、巡洋艦等の補助艦艇は、必要の最小限度保有するも、戦艦、高速戦艦等の現有主力艦は、スクラップするか、或は繋留して桟橋の代用とすべし」

という論旨の論文を提出した。ひやかしではなかったらしい。どちらにしても面白いので話題になったが、戦艦にたいする源田の考えは、こうしたものだったようである。ただ、このようなことを書いたのも、バックに大西、さらには山本という強い権力者がいたからであった。その後源田は、あちらこちらで、「世界の三大無用の長物は万里の長城とピラミッドと戦艦大和」などと、しゃべっていたようである。

山本、大西、源田たちは、「攻撃機隊で米艦隊を撃滅できる」と幻想し、「戦闘機無用論」「航空主兵・戦艦無用論」に走ったが、それは無理を強行して破綻を招くものであった。

大佐、少将も戦死せよ

——私が大学校（海軍）で孤軍奮闘している頃、航空本部では大西大佐（教育部長）、横空では戦術教官の三和義勇少佐（兵学校第四十八期、のちに山本連合艦隊の作戦参謀）、艦隊では小園安名少佐等が、戦艦無用論をひっさげて立ち上った。お互いに何等の事前連絡など無かったのであるが、偶然、ほぼ時を同じうして航空主兵論が擡頭《たいとう》して来た訳である。その中で最も理論的に、また実際的に論旨を進めて行ったのは、航空本部教育部長たる大西大佐であった。

昭和十二年の初頭か十一年の暮であったか記憶がハッキリしないが、大西大佐が肝煎《きもい》り役で、東京の水交社で、「効率的な軍備形態はどうすればよいか」という題目で研究会が行われた。……

この研究会を契機とし、海軍部内の「航空主兵、戦艦無用論」は大西大佐を旗頭としてようやく増大する気配にあったが、何でも仄聞《そくぶん》するところによれば、中央当局の厳命により、私的にかかる研究会を行うことは禁ぜられたそうである。しかしながら、海軍当局は単に弾圧して事なきを願った訳ではなく、航空部内の意見を尊重し、有名な「空威研究会」という組織を作り、航空部隊の有する真の戦力を、実験と理論の両面から徹底的に究明する策を採った。

この空威研究会の挙げた業績は極めて大きなものであって、後年、私達が真珠湾攻撃を立案するに当って、魚雷、爆弾の威力算定は、主としてこの空威研究会の得た資料に基いたものであった。

大西大佐がやった水交社の研究会も、当局が自らの問題として取上げることを予想して打った芝居であったかも知れない。大西さんという人は、先の先まで掘下げて考える人であったから、多分そうであろうと思う。――

と源田実は『海軍航空隊始末記　発進篇』に書いている。

ここで源田は、何げなさそうに、水交社での研究会は、多分大西の芝居であろうと言っている。じっさいには、昭和十一年（一九三六年）十二月一日に海軍次官になった山本五十六ともしめし合わせてやったものであろう。そのころはちょうど、海軍が「大和」「武蔵」の建造を決意したときで、前記のように山本は、これらの建造に大反対であった。だから、「海軍の当局は単に弾圧して事なきを願った訳ではなく、航空部内の意見を尊重し、有名な『空威研究会』という組織を作り」という、筋書どおりになったのである。

昭和十二年（一九三七年）七月七日、支那事変が勃発し、八月十五日、木更津航空隊の中攻隊二十機は長崎県大村基地を発進、南京を爆撃、済州島基地に帰投した。当時、世界を驚かせた渡洋爆撃である。味方の損害は、喪失四機、被弾多数で、使用可能機は半減した。同日、鹿屋《かのや》航空隊の中攻隊十四機は台北を発進、南昌を爆撃した。味方の被害はなかった。八月十六日、鹿屋空中攻隊六機は台北を発進、包容を爆撃したが、同空の飛行隊長新田慎一少佐（兵学校第五十一期）機と他の一機が失われた。新田は鹿屋空だけでなく、全中攻隊のエースであった。同日、揚州を爆撃した同空中攻隊では、七機のうち一機が失われた。

この両日で、戦果もあったが、思いがけない大損害で、航空本部教育部長の大西はおどろき、調査のため、台北、ついで済州島に飛び、同島から二十一日の揚州黎明爆撃に参加した。飛行隊長曾我義治少佐（兵学校第四十九期）がひきいる第一、第二小隊の中攻六機のうち、大西は第一小隊の二番機に同乗した。最初は最も敵戦闘機に狙われる三番機に乗る予定であったが、発進直前に小便をしていて、近くの二番機に乗ったという。天候不良のために、一小隊は目標を浦口に変えて爆撃したが、二小隊は予定どおり揚州を爆撃した。ところが両隊とも敵戦闘機隊の攻撃をうけ、一小隊の三番機が撃墜され、二小隊の三機がすべて未帰還となった。大西は、一小隊の三番機に乗っていたら戦死していたのだが、運よく生還したのである。

これでさすがの大西も、九六陸攻でも戦闘機にはかなわないと知ったはずであった。一年ほどまえにさかのぼる。教育部長の大西は、霞ヶ浦航空隊副長桑原虎雄大佐（兵学校第三十七期）に、手相骨相の研究家という二十五歳ほどの水野義人を紹介した。桑原が水野に、搭乗員数百名の飛行適性を鑑定させてみると、八十数パーセントの適中率であった。桑原は、「応用統計学として、六十パーセント以上適中するものならば、『参考トスルハ可ナラン』」と書き、霞空司令名で、上申書として大西に送った。

大西がそれを航空本部長の山本のところに持っていくと、山本は興味を持ち、水野に会い、同本部内の士官たちの観相をさせてみた。するとやはりおどろくほどよく当たった。そこで山本は、水野に海軍航空本部嘱託という辞令を出し、霞空での練習生、予備学生の採用試験に立ち会わせ、応募者の手相骨相を見させることにした。これはかなり役に立ったという。

しかし、昭和十四年初春、「水から油が採れる」という〝街の科学者〟にひっかかり、航本教育部長の大西と海軍次官の山本が、あわやかつがれそうになったのは、あまりにも非科学的なことであった。艦船、航空とも燃料不足で、一滴の油でもほしいことからクレージーになったらしい。

物欲しさが高じたり、せっぱつまったときはだれも誘惑にかかりやすく、大西と山本の場合もおなじだろうが、両人はのめりこむ気性だけに、一歩誤れば、たいへんなことをしでかしかねない。

山本も大西もバクチ好きで、両人ともバクチの科学などというものまで研究した。しかしいくら研究しても、バクチに常勝はない。それでも両人は、物欲しさが高じたり、せっぱつまると、超合理の世界に踏みこみ、一か八かの大バクチをやる。

昭和十四年（一九三九年）十月十九日、大西大佐は中国派遣の第二連合航空隊司令官に発令され、十一月はじめ、漢口基地に着任した。二連空参謀福元秀盛少佐（兵学校第五十二期）は、大西が姿を現わしたとき、強力な電気に打たれたように奮い立ったという。

二連空時代のあとのことだが、福元は、大西から、

「海軍航空は小生の生命にして、之が健全なる建設発展の為には、小生個人の名誉等は何等問題に無之、又小生の信じて行わんとする所は、御聖旨に合致しありとの信念を有し、何物も恐れず候」

という手紙をもらっている。

二連空第十三航空隊第一分隊士壱岐春記中尉（兵学校第六十二期）は、噂に聞いた猛将を見て、これからどういう戦《いくさ》をするのだろうかと思った。噂では、大西が東京駅を出発するとき、海軍大臣吉田善吾中将（兵学校第三十二期、山本五十六と同期）や、軍令部総長伏見宮博恭《ひろやす》王元帥までがわざわざ見送り、

「君が行ったらしっかりやってくれ」

と激励したということであった。

漢口基地には、第一連合航空隊と第二連合航空隊があった。

第一連合航空隊は、司令官が二連空司令官からかわってまもない桑原虎雄少将で、鹿屋航空隊と木更津航空隊で編成されていた。いずれも中攻隊である。

第二連合航空隊は、第十三航空隊の中攻隊と、第十二航空隊の艦上機（戦闘機、艦爆、艦攻）隊で編成されていた。

桑原二連空司令官が一連空司令官になり、大西が二連空司令官になるには、理由があった。

十月三日、午後一時三十五分、漢口基地は敵ＳＢ爆撃機九機の奇襲攻撃をうけた。九機が投下した爆弾のうちの一弾が指揮所を爆破し、指揮所にいた将兵四十四名が戦死傷した。木更津空副長石川淡中佐、飛行隊長森永良彦少佐、鹿屋空副長小川弘中佐などが戦死し、一連空司令官塚原二四三《にしぞう》少将、鹿屋航空隊司令大林末雄大佐、同空参謀鈴木剛敏少佐などが重傷を負った。

十月十七日、午後零時四十分、漢口基地はふたたび敵ＳＢ爆撃機九機の爆撃をうけ、十三空、十二空の大小五、六十機、陸軍機多数が大中破されたほか、滑走路工事中の苦力《クーリー》数十名が死傷した。

ＳＢ爆撃機は重慶北方の成都太平寺飛行場から来襲してきたものであった。

再度にわたる中国空軍の白昼爆撃をうけ、大損害を出したために、一連空、二連空は、

「中国空軍が白昼攻撃に来るというのに、中攻隊は何をやっておるのか」

と激しい非難を浴びた。

このような状況のなかで、桑原の一連空司令官、大西の二連空司令官が発令されたのである。

予期したとおり大西は、着任後すぐさま十三空の幹部たちをあつめ、成都太平寺飛行場に

たいする白昼爆撃を敢行しろと言い出した。

「少佐が死んで中佐になる例はあるが、大佐や少将はいっこう死なんじゃないか。兵隊はどんどん戦死しているんだから、上の連中も死んでもいいだろう」とまで言った。

もっとも言うばかりではなくて、この成都爆撃のあとの蘭州《らんしゅう》爆撃では、自分から偵察にも爆撃にも出て行った。たびかさなるので、福元参謀が、

「自重してください」

と諫《いさ》めると、

「おれが死んでも後を継ぐ者はいくらでもいるよ」

と笑っていた。

福元は戦後、つぎのように述懐している。

「司令官はこの中支奥地航空作戦の長い期間中、しばしば陣頭指揮に出て行きました。それも最先頭の指揮官機よりも、よく最下級の搭乗員が操縦する飛行機に乗って行ったものです。敵にいちばんやられる飛行機です。部下とともに死地に飛びこもうとしたんです」

かつて大西は、横空での雪中棒倒しのとき、二連敗後の紅軍に加わり、二連勝させた。実戦でもおなじようにやったのであろう。

佐官になってから大西は、よく、

「おれもゆく、わかとんばら（若殿輩）のあと追いて」

と、南州のことばを口にし、筆にもしていた。

第一神風特別攻撃隊が出撃するときは、

「おれが真っさきに行きたいのだが、おれは指揮官だからそれができない、かならず後で行く」と明言していた。


二連空司令部でひらかれた成都空襲研究会の席上で、大西が口を切った。

「漢口基地にある陸攻全機を出そうじゃないか。指揮はおれがとる」

「いや司令官、それはいけません。指揮は私におまかせください」

十三空司令の奥田喜久司大佐（兵学校第四十二期）がそれを制した。

昭和十四年十一月四日、一連空の木更津、鹿屋空の中攻隊もふくめ、九六陸攻六十三機は、午前八時三十分、成都をめざし、漢口基地を飛び立った。

爆撃は成功し、成都ふきんの各飛行場の施設、飛行機を撃破し、空中戦でもＩ15、Ｉ16、カーチスホークなどの敵戦闘機多数を撃墜した。

しかし、奥田大佐の指揮官機と他の一機が敵戦闘機隊に撃墜された。指揮官機には、十三空飛行隊長細川直三郎大尉（兵学校第五十五期）、先任分隊長森千代次大尉（兵学校第五十六期）などが乗っていた。

このとき、第二中隊・第二小隊長として参加していた壱岐中尉機は、左翼端タンクに被弾しつつ編隊爆撃をおえたが、その直後、右前下方から上昇してくるＩ16六機が指揮官機をつぎつぎにねらい撃ちし、宙返り反転をしてかわして行くのを見た。当時、中攻の前下方には旋回銃が装置されていず、その死角にたいして、敵がはじめての戦法で攻撃してきたのであった。つぎの瞬間、指揮官機は火を発して落ちて行った。

奥田大佐は、大西司令官あてにつぎの遺書を残していた。

「君国の為め、海軍伝統精神継承の為め、今日愈々《いよいよ》決死攻撃の途《と》に上るに際し、心中既に光風の如く何物も残るなし。

謹而、海軍出身以来特別の御厚誼《ごこうぎ》を深謝し、尚小官亡き後と雖《いえど》も、必ずや本精神をして永久に生かし得る様、特に御厚配を願上候。

従来御厚誼を賜りし、先輩同僚諸氏に一々御挨拶《ごあいさつ》の閑《ひま》無く、何卒《なにとぞ》御序の節、奥田は喜んで海軍航空伝統の精神を奉じて死せる旨、茲《ここ》に従来の御厚誼を感謝しつつ、殉国の旨、御物語り下され度《た》く候。

帝国海軍航空隊永遠の生命を祝福しつつ

奥田大佐拝上」

しかし大西は、報を聞いても眉《まゆ》ひとつ動かさなかった。そして、隊員たちにたいして、

「一旦の出撃に臨んで初めて死を決するはすでに遅い。武人の死は平素から十分覚悟されているはず」

と、歯牙《しが》にもかけない様子で訓示をした。これには多くの隊員たちが、(大西というのは、こういう男だったのか)と、シラケる思いをしたらしい。この訓示は杓子定規のようなたてまえ論だから、当然であろう。

大西はなぜこのようなことを言ったのか。奥田の遺書を自分の強引な作戦にたいする死の

抗議と感じ、反撥する気になったのであろうか。かつて大西は、「戦闘機無用論」に反対した柴田にたいして、いっさい耳をかさずに弾圧した。自分がこうと思っていることにいっさいの批判を許さない高慢性が、山本五十六とおなじように、大西にもあったようである。

じつは、この成都爆撃が強行されるころ、中攻の火力装備を強化する改修工事がすすめられていた。担当者は第二分隊長の武田（のちに庄子《しょうじ》と改名）八郎大尉（兵学校第五十九期）であった。武田は、戦闘機の掩護なしに行くのだから、せめて火力装備の強化が完成するまで出撃を待ってもらいたいと進言しようとした。しかし大西の権幕が凄く、聞き入れられそうもないため、発言を思いとどまったのである。うっかり言おうものなら、

「貴様は命が惜しいか、卑怯者！」

などと罵倒されるにちがいなかった。

しかし、その結果が指揮官機の撃墜となった。

だいたい大西は攻撃一点ばりで、防御にはいい顔をしなかった。したがって科学的で用意周到と言っても、片手落ちだったのである。

十一月十四日、奥田大佐の告別式がおこなわれ、大西が弔辞を読んだ。読みすすむうちに、

「忽焉《こつえん》として忠勇の士を失う愛惜安《いずく》んぞ堪えん、特に思《おも》いを卿《けい》等の遺族に致す時……」

のくだりになると、声がつづかず、よろよろと崩れかかり、福元参謀が支えた。自責の念があったようだが、後の祭りであった。

成都攻撃のあと、ソ連から重慶に運びこまれるソ連製飛行機の中継基地、甘粛省《かんしゅく》の蘭州を攻撃することになった。蘭州を攻撃するには、中攻隊は漢口基地から、北方の運城基地へ進出し、そこから出撃する。攻撃予定日は、はじめ十一月七日であった。

その蘭州攻撃研究会の席上、武田大尉はついに立ち上がって発言した。

「いまの火力の装備のままで行けば、敵戦闘機隊は、成都で総指揮官機を攻撃したあの新戦法でかかってくるにちがいありません。あとで攻撃されればやられます。いま操縦席の下に銃架を取りつける工事をいそいでいます。それができるまで、出撃を待っていただきたい。旅順口閉塞隊にも救助のフネをつけています。いま工事中の銃架は、旅順口閉塞隊の救助のフネとおなじです。それをつけてやられるならば仕方がありませんが、つけないで行くというのは、救助のフネを出さないのとおなじだと思います。いまのままでは、部下をひき連れて行けません」

とたんに大西は、

「いま聞いていると、部下を連れて行けないなどと言っているが、部下を連れて行けないような指揮官が何ができるかっ」

と、激怒して一喝した。

大西はこのときも、自分の成都攻撃作戦の不明を批判されたと感じたのかもしれない。それに加えて、旅順口閉塞隊の救助のフネとか、部下のためというようなことまで言われ、いっそうむかっ腹を立てたらしい。

むかっ腹を立てると大西は我慢ができなくなる。このあとすぐ、武田はぽいと鈴鹿航空隊へ飛ばされた。だが武田が犠牲になったためか、蘭州攻撃は操縦席下の銃架の取り付け工事完了後に延期された。

十一月十五日、大西は海軍少将に進級した。銃架の取り付け工事も完了した。その翌日から蘭州攻撃が開始された。

大西は成都攻撃、蘭州攻撃で指揮官先頭の模範を示した。しかしその後太平洋戦争がおわるまで、このようなことをやった将官、大佐はきわめて数すくない。

蛮勇

昭和十六年(一九四一年)一月十五日、大西少将は第十一航空艦隊参謀長となった。十一航艦は、司令長官が塚原二四三中将(兵学校第三十六期)で、九州大隅半島の鹿屋に基地をおく陸上基地航空部隊であった。

一月末、連合艦隊司令長官山本五十六大将は、大西に、真珠湾攻撃計画の概要を書いた文書をわたし、検討をもとめた。大西は、人がやらないことをやるのは好きだが、これは実現不可能と思った。しかし山本の頼みなので、十一航艦の先任参謀前田孝成中佐(兵学校第四十七期)と、第一航空戦隊航空参謀源田実少佐に検討を依頼した。

山本は、この検討を大西にもとめたとき、

「貴官は海軍大学校出身ではないから、海大出のような型どおりの着想はしないはず、どうか余人に相談することなく、自由自在に考えてもらいたい」

という意味の手紙を書いたという。

大西は、前田と源田の意見も合わせ、十六年四月、前連合艦隊参謀長でこの四月十五日に軍令部第一部長になった兵学校同期の福留繁少将を訪ね、

「山本長官には説明ずみだ」

と告げて、真珠湾攻撃計画書を示し、くわしく説明した。要旨は、

「この作戦には二つの難点がある。ひとつは機密保持が困難なことだ。もうひとつは、真珠湾内の水深が浅いから魚雷発射ができないことだ。この二つをどう克服するかが問題だと思う。〝奇襲〟を絶対条件とするから、とりわけ機密保持の点が心配だ」

というものであった。

説明がおわった大西は、

「山本長官から、この計画書は福留に預けておけと言われた」

と、それを福留にわたした。福留は、軍令部第一部長室の重要書類金庫に収めた。

のちに、二つの難点のひとつである魚雷の浅海面発射問題は技術的に解決された。しかし、もうひとつの機密保持問題は、最後まで、やってみなければわからない、というままになった。

昭和十六年九月、大西は、真珠湾攻撃の主力に予定されている第一航空艦隊参謀長の草鹿龍之介少将（兵学校第四十一期）から、

「真珠湾攻撃はあまりにもリスクが大きすぎる」

と説得され、彼もその考えを強くした。

「ハドソン河で観艦式がやれぬ状況で対米戦をやるならば、ハワイ奇襲攻撃などをやって、アメリカを無用に刺戟《しげき》すべきではない。太平洋で戦って、まっさきに空母をつぶすべきだ」となったのである。

その後まもないある日、大西は草鹿に同行して、連合艦隊旗艦「長門」に山本を訪ね、二人で言いたいことを言った。だが山本は、

「真珠湾攻撃は、最高指揮官たる私の信念である。今後はどうか私の信念を実現することに全力を尽くしてくれ」

と押さえ、真珠湾攻撃は決行されることになった。

その一年後の昭和十七年九月末、大西は、柏原《かいばら》中学の同窓生である徳田富二に会ったとき、つぎのように聞かれた。

「真珠湾攻撃はあれでよかったのか？」

「いかんのだなあ」

と答えた大西は、さらにダメを押した。

「あれはまずかったんだよ。あんなことをしたために、アメリカ国民の意志を結集させてしまったんだ。それが、このごろの海戦に現われてきているよ」

昭和十六年（一九四一）十二月八日、太平洋戦争開戦時、第十一航空艦隊司令部は、台湾南西岸の高雄基地にあった。同日、同艦隊の高雄空・鹿屋空（以上陸攻隊）・第三航空隊

（零戦隊）は高雄基地から、第一航空隊（陸攻隊）・台南空（零戦隊）は台南基地から、フィリピンのクラークフィールドとイバ（クラークフィールド西方海岸）の米航空基地攻撃に出撃した。

攻撃隊が両米軍基地上空に達したのは午後一時三十五分すぎで、米軍機はほとんど飛行場に並んでいた。奇襲に成功した攻撃隊は、米軍機多数を撃破し、滑走路、施設などを破壊して、両基地の航空兵力に大損害をあたえた。

零戦隊は米陸軍の最精鋭機P40との空戦で圧倒的な強さを見せ、地上に並ぶ飛行機も二十ミリ機銃でつぎつぎに撃破して、絶大の威力を示した。米軍は、日本の戦闘機があのように遠い台湾から飛来するとは夢にも思っていなかったし、想像を絶する強さを見せつけられ、「ゼロ」の名が悪魔の化身のように知れわたっていった。

「零戦をどしどしつくれ」

大西が「戦闘機無用論」を忘れたかのようにこう言ったのは、このときがはじめてであった、と、当時の第三航空隊飛行長柴田武雄中佐は言う。

だが、その後も、とくに戦闘機隊が増強されることはなかった。

翌九日から連日、戦爆連合の攻撃機隊は、マニラのニコルス飛行場その他の米軍基地を攻撃し、米航空兵力をつぶしていった。

十二月十日、日本軍のルソン島北岸アパリ、北西岸ビガン上陸が成功し、フィリピン攻略作戦は、急速にすすみはじめた。

十二月十二日、のちに大西が「乱暴長」と言われるひとつの原因となったある事件が、人知れず発生した。

第一航空隊飛行長松本真実少佐（兵学校第五十二期）の指揮する陸攻三十六機は台南を発進、クラークフィールド飛行場を爆撃した。そのとき米軍の対空砲火で被弾した陸攻一機が、同飛行場東方の、フィリピン富士とよばれるアラヤト山北西側に不時着した。

搭乗員七名は機外に出て、あたりを見た。そこへフィリピン人たちが寄ってきた。話してみると、危害を加えることはないらしい。搭乗員たちは機銃を捨て、フィリピン人たちの家に行き、捕虜になることにした。搭乗員たちがそのようにしたのには、それなりの理由があった。

昭和十六年十月四日から六日にかけて、鹿屋基地で、十一航艦と陸軍飛行団の各部隊指揮官・参謀たちによる、南方作戦の机上演習がおこなわれた。鹿屋空分隊長の壱岐春記大尉は、机上演習のコマ運びをやっていた。六日に研究会がおわったあと、大西参謀長は十一航艦各部隊の幹部たちに、つぎのようなことを話した。

「こんどの戦争は長びきそうである。人もたくさん要る。搭乗員たちが、もし敵地に不時着しても、自決をいそがず、なるべく生き残り、戦線にもどれるよう、よく指導してもらいたい」

壱岐は、実際問題としてはむずかしいだろうと思いながら聞いていた。

大西のこの話は、十一航艦麾下《きか》各部隊で、飛行長、飛行隊長、分隊長などを通じて、部下たちに伝えられたはずであった。

アラヤト山近くに不時着した第一航空隊の陸攻搭乗員七人も、このようなことを聞いていたはずである。

昭和十七年一月二日、日本陸軍部隊はフィリピンの首都マニラを占領した。まもなく搭乗員たちは日本陸軍部隊に救出された。そのころ十一航艦司令部は、高雄からミンダナオ島のダバオにうつっていて、彼らは、マニラからダバオの同司令部に連行された。

一空飛行長松本少佐は、ダバオに飛んで搭乗員たちをひきとり、台南基地へ連れて帰った。しかし彼らは、捕虜になったというので、階級章、特技章、善行章を剥奪《はくだつ》され、一般の隊員たちからは隔離されて暮らさなければならなくなった。

二月二十日、松本飛行長の密命をうけた一空分隊長福岡規男大尉（兵学校第六十五期）は、彼ら七名を二番機搭乗員とし、セレベス島からチモール島クーパン爆撃に出撃した。低空で飛び、二番機が撃墜されるようにしろと命じられたのである。その命令を福岡がどんな気持で聞いたか不明だが、福岡機は先頭で低空に突っこみ、対空砲火に被弾して墜落した。そして二番機が無事帰還したのである。

その後、第一航空隊はラバウルに進出し、七名は三機編隊の一機に乗り、ニューギニアのポートモレスビー爆撃に出撃した。しかし彼らはその任務も無事に果たし、ニューギニア東岸のラエ基地に帰還した。

そこでこんどは、松本飛行長がラエに飛び、彼らにポートモレスビーの防御砲火の写真を撮ってくるように命じた。七名はラエを出撃し、やがて「天皇陛下万歳」の電報を残して消息を絶った。

一空隊員たちが、

「なるべく生きのびて戦えと言っておきながら、いざとなると蛇の生殺しみたいなことをする。これでは参謀長じゃなくて、乱暴長じゃないか」

というようなことを口にするようになったのは、こういうことがあったからである。

この事件について、昭和十四年十一月の漢口基地から昭和十九年十月末のクラークフィールド基地まで、しばしば大西に接していた壱岐は、つぎのように言う。

「捕虜になった者は、規則からすれば軍法会議にかけなければならない。かければ、海軍刑法で、死刑か、よくて免官でしたでしょう。それでは当人も家族も、あまりに不名誉なわけです。

不時着しても、捕虜にならなければよかったのですが、捕虜になり、それを陸軍にも確認されています。そこが問題だったのです。

あの処置は、すべて大西さんの指示だったでしょう。大西さんは搭乗員たちを軍法会議にかけるより、名誉の戦死にさせた方が当人にも家族にもいいと判断して、あの処置を松本さんに指示したのだと思います。

現代では、ああいうことは冷酷非道と言われますが、当時は日本中が〝生きて虜囚の辱《はずか》しめを受けず〟と言っていて、捕虜になることが最も軽蔑されていた時代ですから、大西さんはああする方がいいと思ったんですよ」（昭和五十九年〈一九八四年〉八月三十一日の談話）

しかし、ほんとうに不名誉な捕虜だったのか、またああいう処置しかとれなかったのか、あるいは軍法会議にかけるのが正しかったのではないか、など、真相はなお不明である。

昭和十九年（一九四四年）三月三十一日夜から起こった「海軍乙《おつ》事件」では、連合艦隊参謀長福留繁中将、同作戦参謀山本祐二中佐らは、セブ島でフィリピン・ゲリラの捕虜となり、最高軍機図書「Z《ゼット》作戦計画」も奪われた。しかし、日本陸軍に救出されたあと、海軍からはいっさいの罪を問われず、のちに福留は第二航空艦隊司令長官、山本は第二艦隊先任参謀に栄転した。

第一航空隊の搭乗員たちがうけた処置と、福留、山本らがうけた処置では、差がありすぎる。

海軍航空部隊は、真珠湾で米戦艦群を撃沈（大部分は海底に沈座《ちんざ》して、のちに復旧）破し、マレー沖で英戦艦「プリンス・オブ・ウエルズ」と「レパルス」を撃沈（壱岐大尉はこのとき鹿屋空陸攻隊の中隊長で、同中隊は「レパルス」を雷撃してとどめを刺した）し、至るところで米英蘭豪連合軍を一方的に破り、世界にその名をとどろかせた。

昭和十七年（一九四二年）二月十日、フィリピン、マレー、蘭印など南方方面航空作戦を一段落させて大役を果たした大西は、つぎの段階の準備をととのえる任務をうけ、海軍航空本部総務部勤務に発令され、ついで三月二十日、同本部総務部長となった。

同年五月、「国策研究会」というグループが大西の話を聞く会をひらいた。出席者は政・官・財界の名士二十数名と陸海軍の将官たちである。大西は話した。

「上は内閣総理大臣、海軍大臣、陸軍大臣、企画院総裁、その他もろもろの〝長〟と称するやつらは、単なる〝書類ブローカー〟にすぎない。こういうやつらは、百害あって一利ない。すみやかに戦争指導の局面から消えてもらいたい。それから戦艦は即刻たたきこわして、その材料で空軍をつくれ。海軍は空軍となるべきである」

一座はシラケた。大西は腰をおろし、まわりを見わたし、にやりとした。

当時の首相は飛ぶ鳥落とす勢いの東条英機陸軍大将、海相は嶋田繁太郎大将（兵学校第三十二期、山本五十六と同期）、陸相は東条大将（兼務）であった。ふつうの人間がこのようなことを言えば、憲兵隊か警察のブタ箱入りとなり、陸海軍の将官たちでも、クビか左遷にされるところである。海軍を空軍にしろというのは彼の持論なので、聞く者にはまたか、ということで不問に付されたのであろう。

大西がどういうつもりでこのようなことを言ったのか、よくわからない。（前線の将兵とおなじ気持で命がけでやれ）とハッパをかけるにしては逆効果である。

ともかく、大西瀧治郎という蛮勇の将を物語るひとつのエピソードであった。

昭和十七年六月、南雲機動部隊がミッドウェー海戦で米機動部隊に大敗した。

同年八月、ガダルカナル島に米軍が上陸し、六ヵ月にわたる攻防戦のあと、昭和十八年二月、日本軍は敗れて同島を撤退した。

昭和十八年四月十八日、山本五十六連合艦隊司令長官が戦死した。

同年五月一日、大西は海軍航空本部総務部長のまま海軍中将に進級した。

同年十一月一日、大西は軍需省航空兵器総局総務局長になった。

当時、陸海軍の航空器材の配分は陸海軍の話し合いということになっていたが、実情は奪い合いであった。航空兵器総局はそれを調整する目的で新設されたものである。それにたいする海軍側の代表が大西で、陸軍側の代表が遠藤三郎中将であった。遠藤は前陸軍航空本部長である。

ここで問題は、だれが同局長官になるかであった。ところがあっさり決まった。大西が遠藤を推し、自分は総務局長になるといったからである。その経緯について遠藤は、戦後、つぎのように語っている。

「大西中将は私を長官に推してやまないのです。……私が中将昇進が少し早いからといって、大西中将の上に据わるがごときは、私の徳義心が許しませんので、極力固辞しました。……しかし大西中将の熱意は、ついに東条陸軍大臣を動かして、私ごときを長官に据えることを承諾させ、自らはその下の総務局長の職に甘んじて就かれました。しかも、中将は総務局長就任以来、当時陸軍内で懸念していたような、長官をロボットにして総務局長が指導権を握るだろうというようなことは毛頭なく、みごとに女房役としての仕事に終始されました」

大西が、だれかと協同で仕事をするときは、かならず相手をナンバー・ワンの地位に推し、自分はナンバー・ツーの地位に就き、そのかわり仕事は自分が思うように牛耳る、とまえに書いた。しかしそれは、相手を無視するのではなくて、相手を立てながら自分が思うように仕事を牛耳るということで、大西はそういう芸を得意としていたのである。

草柳大蔵は、『特攻の思想』で、大西と遠藤の話し合いを、つぎのように書いている。

――「遠藤さん、あなたがいいように配分して下さいよ。海軍のバカドモは、海軍の飛行機をたくさんつくってくれれば海軍はやる、なんて言っているが、海軍だろうと陸軍だろうと空は空ですよ。半々でいいじゃないですか。海軍大臣がひきいるのを第一航空部隊……」

「陸軍のを第二航空部隊としますか」

「それでいいハズです」

遠藤は、この考えに同意し、文書に書いて陸軍部内にバラまいた。早速、東条首相によびつけられて「余計な意見を言うな」と叱《しか》られた。癪《しゃく》にさわって富永次官や秦彦三郎参謀次長に嚙《か》みつきにゆくと、秦が、

「君はああいう文書を、敵側に出すとは何ごとか」

と、怒ったそうだ。

そこで遠藤は「君はアメリカと戦争しているのか、日本の海軍と戦っているのか」とたずねたというが、それほどひどい対立だったわけである。ところが、大西は陸軍がどうの海軍がどうのと、一度も口にしたことがない。――

航空兵器総局総務局長になった大西は、航空器材を集めるためには、泥でもなんでもかぶるようであった。海軍のふつうの将校たちは、中国から軍需物資を集めて航空本部に提供している児玉誉士夫とあまり親しくしたがらなかったようだが、大西は人一倍親しくした。軍に役立つと思えば、相手の身分、素性にかかわらず、話を聞き、仕事を請負わせた。しかし、そのために大西は、こんどは「ダボハゼ」とアダ名をつけられた。

宿命の一航艦司令長官就任

昭和十九年（一九四四年）三月三十一日、古賀峯一連合艦隊司令長官（大将、兵学校第三十四期）が殉職した。

同年六月、小沢艦隊はマリアナ沖海戦で米艦隊に完敗し、日本海軍の海上航空兵力は潰滅状態となった。

このころ大西は、日本海軍の作戦指導を、

「子どもが風船玉をふくらましすぎて、とうとうパンクさせたような無定見な作戦だ」

と評し、ついでこう断定した。

「なんとかしてこの風船を縮小しなければならん」

風船玉をふくらませすぎた、つまり、国力以上に戦線を拡張した張本人は山本五十六連合艦隊司令長官であった。大西は戦前山本を人一倍敬愛していたが、開戦後の作戦は落第と見ていた。前記したようにハワイ作戦はだめ、ミッドウェー作戦は話にならない、ソロモン、ニューギニア方面作戦はふくらませすぎ、ということである。

このころから、「特攻」の声がつよくなりはじめた。

特攻兵器の開発がはじめて公式に提案されたのは、昭和十九年四月で、提案者は軍令部第二部長の黒島亀人少将（兵学校第四十四期）であった。黒島は元連合艦隊先任参謀で、真珠湾攻撃から山本長官戦死まで、作戦計画立案、実施指導に当たっていた。

昭和十七年十二月、松田千秋大佐（兵学校第四十四期）は、トラック島に在泊中の連合艦隊旗艦「大和」に、艦長として着任した。そのとき、松田夫妻の仲人である連合艦隊参謀長の宇垣纏《まとめ》少将（兵学校第四十期）に、仕事の様子を聞いてみた。宇垣は、

「おれは参謀長だけどね、ここでただぼんやりしているだけだ。戦《いくさ》は山本さんと黒島でやっているよ」

と、わびしげに答えた。

宇垣は「大艦巨砲主義」の代表的人物だが、「航空主兵・戦艦無用論」の山本は、宇垣の意見をほとんど聞かず、終始、黒島の意見をとり入れていたようである。

松田は黒島と同期だが、黒島については、

「アイデアはいいが実現性がすくない」

と評している。合理的ではなくて、超合理的といったものらしい。しかし、そこを山本は気に入っていたのであった。

それで戦争がうまくいけばいいのだが、うまくいかず、山本が戦死するころの連合艦隊は

航空兵力が激滅して、死体《したい》になっていた、と言っても過言ではない。

その黒島が、行きつくところに行きついた感じで、特攻兵器の開発に乗り出した。彼の提案内容は、軍令部第二部長の中沢佑《たすく》少将（兵学校第四十三期）に提出された「特殊兵器」のリストに書かれているが、つぎのようなものであった。
一、二人乗りの豆潜水艦（のちの「海竜」）
一、装甲爆破艇（のちのベニア張り体当たりモーターボート、「震洋」）
一、自走爆雷
一、全長約十メートルの別のタイプの小型潜航艇
一、人間魚雷（昭和十八年末から、黒木博司大尉〈機関学校第五十一期〉と仁科関夫中尉〈兵学校第七十一期〉が研究にかかっていた。のちの「回天」）
一方、昭和十九年六月十五日（米軍のサイパン上陸開始日）、同日付で編成された第二航空艦隊館山航空隊司令岡村基春大佐（兵学校第五十期、戦闘機乗り）は、司令長官福留繁中将に、口頭で熱烈に進言した。

「尋常一様の戦闘方法では、ぜったいにこの頽勢《たいせい》を救えるものではありません。体当たり攻撃あるのみです。……ぜひ私にこれをやらせてください。私が先陣をうけたまわります」

福留は数日後軍令部に行き、岡村の意見を同部次長の伊藤整一中将（兵学校第三十九期）に伝えた。伊藤は、嶋田軍令部総長（海相と兼務）への報告と、研究を約束した。

岡村は福留に話しただけでは不足と思い、有力者たちを説得することにした。軍令部の航

空主務参謀源田実中佐もそのひとりであった。源田は、岡村の空中特攻説につよい関心を示し、有力な協力者となった。

六月二十七日、岡村は軍需省に大西を訪ね、意見を述べ、特攻に適する飛行機の開発も要望した。大西はかなり心を動かされたようであった。

サイパン島が米軍に占領され、七月十八日には東条内閣が総辞職したが、その翌日の読売新聞に、大西のつぎのような談話が載った。

――われに飛行機といふ武器があり、体当たりの決意さへできてをれば、敵の機動部隊を怖れることも要らないし、むざむざB29に本土を蹂躙《じゅうりん》させはしない。敵空母を発見したら空母を、B29を見つけたらB29を悉《ことごと》く体当りで屠《ほふ》り去ればよいのだ。体当りの決意さへあれば勝利は絶対にわれに在る。体当りの前には量の相違などは問題ではなくなるのだ。生もなく死もなく敵に体当りを喰《く》はせる兵こそ、神兵の名に価するのだ。――

これより一年まえの昭和十八年六月、城英一郎大佐（兵学校第四十七期・航空専攻）は、二度にわたり、航空本部総務部長の大西を訪ね、

「もう通常の戦法では敵の空母は倒せません。体当たり攻撃をやるしかありません。私が指揮官でやりますから、特別攻撃隊の編成に力をそえてください」

と説いていた。しかし当時の大西は、話は熱心に聞いたが、賛成はしなかった。二度目に大西を訪ねた同年七月二日の城の日記には、

――提督は全幅の賛成を与えられず。小官としては上司よりの命令により実行するに非ず。

上司としても之を実施せしむるには相当考慮を要すべし。小官としては黙認を得、かつ機材を得れば実行し得るを以て……——

と書かれている。

城の意見具申については大西も、前記したように、第一神風特別攻撃隊敷島隊などが米空母に体当たりした二日後、猪口参謀に、

「城英一郎大佐が、多分、ラバウルから帰ってきてからだったかなあ、体当たりでなくては駄目だと思うから、とにかく私を隊長として実行にあたらせてくれ、と再三言ってきたことがある。内地にいた時にはとうていやる気にはなれなかったが、ここに着任して、こうまでやられているのを見ると、自分にもやっとこれをやる決心がついたよ」

と語っている。

「内地にいた時にはとうていやる気にはなれなかったが……」ということばからすると、読売新聞の談話は、特攻のアドバルーンということになるが、それにしても、いちじるしく心境が変化したわけである。

城は昭和十九年十月二十五日、小沢艦隊の空母「千代田」艦長として米空母機隊と戦い、艦とともにフィリピン東方の海に沈んだ。

七月二十一日、嶋田軍令部総長は豊田副武連合艦隊司令長官に、「連合艦隊の準拠すべき当面の作戦方針」を示した。それとともに、「特殊奇襲兵器」という水上水中特攻兵器の投

入も正式に決定した。これによって、空中特攻も暗黙のうちに了解されたとみられる。

七月二十二日、小磯・米内連立内閣が成立した。大西は海相の米内を自宅に訪問し、筆で巻紙に「海軍再建」と書き、航空決戦構想をくりひろげ、自分を軍令部次長にするよう自薦した。

米内は同意したかのような返事をしたが、けっきょくは大西を軍令部次長にしなかった。軍令部、海軍省の主要幹部の反対意見でとりやめたようである。軍令部次長は従来どおり伊藤整一中将（兵学校第三十九期）であった。そして八月はじめ、失敗の多かった嶋田にかわり及川古志郎大将（兵学校第三十一期）が軍令部総長となった。

大西が軍令部次長になれなかったいちばんの理由は、大本営海軍部（軍令部）の前記「連合艦隊の準拠すべき当面の作戦方針」にもとづく作戦準備が進んでいて、内情を知らない大西が実務の責任者として入ってきては、それがぶちこわしになるということだったらしい。

八月一日、米内海相の決裁があり、人間魚雷「回天」一型が正式に兵器として採用され、呉工廠に急速増産命令が出され、同時に隊員の募集、訓練も急速にすすめられた。

このころの「回天」搭乗員たちは、理由は人それぞれだが、自発的に志願したと言える。前記黒木博司は、国粋主義歴史学者平泉澄に心酔し、楠木正成、広瀬武夫を崇拝し、殉国の念から志願し、仁科関夫とともに「回天」の創案・研究・訓練に当たった。仁科は広瀬武夫を崇拝し、祖国の危機に、一死君国に報いんとして志願した。

「回天」第二十三突撃隊隊長近江（現、山地）誠大尉（兵学校第七十期）の志願理由は、

「私は、昭和十八年四月から十九年八月中ばまで伊一六五潜の砲術長、ついで航海長をして、インド洋の交通破壊戦やニューギニア北西ビアク島周辺の敵艦船攻撃に参加した。米英とも対潜兵器がすぐれ、夜間、無照射で爆撃され、砲・雷撃をうけ、徹底的な爆雷攻撃をうけた。爆雷のすさまじさは、やられた者でなければわからないとしか言えない。乗員たちの顔は鬼面より凄《すご》くなる。私は、こんなことでむざむざ死ぬのは絶対に嫌だ、こんなことで死ぬくらいなら、相討ちでやってやると思った」

というものであった。彼が考えたのは、「一死千殺」の人間魚雷であった。同潜水雷長入沢三輝大尉（兵学校第六十三期）と相談し、潜水艦に搭載でき、一人乗り、速力四十ノット、炸薬量三トンの人間魚雷を構想、願書を血書して連合艦隊司令部へ送った。

現在の山地の感想は、「むざむざやられそうだということに堪えられなくて、人間魚雷で体当たりしてやろうと思ったのだが、いまから考えると、臆病だったからそうしたのかもしれない」というものである。（昭和五十九年〈一九八四年〉八月二十八日の談話）

同突撃隊隊員河崎春美上等飛行兵曹（甲飛第十三期）の「回天」志願のいきさつは、

「昭和十九年八月下旬、私は奈良空にいた。ある日、柔道場に練習生の総員集合がかけられた。そこで教育長の水野少佐が、

『水中特殊兵器の搭乗員を募集する。飛行適性がある貴様たちが適当である。訓練期間は三ヵ月、終了すれば出撃する。いまから各分隊士が紙を配るから、熱望する者は◎、希望する者は○および姓名を書き、分隊士まで提出するように。希望しない者、どうしても飛行機に

乗りたい者は、何も書かなくてよろしい』という話をした。私は、この時期では、もう飛行機に行っても乗せてもらえないだろうと思ったのと、三ヵ月で出撃というのが魅力で、十センチ角ぐらいのワラ半紙に◎と姓名を書き、分隊士に提出した。そのときは、『回天』とか『海竜』とか『蛟竜《こうりゅう》』というような話は何もなかった。

その後、分隊長からはじまる銓衡《せんこう》があり、約一週間後に結果が発表された。一人息子と長男ははずされた。当時、奈良空の甲飛十三期生で、この募集の対象になったのは五、六千名と思うが、そこから選ばれたのは六百五十名だった。

六百五十名は九月一日、予科練を卒業し、呉に行った。そこで『回天』『海竜』『蛟竜』に分けられ、『回天』は約二百五十名となった。

基地ではじめて『回天』を見せられ、説明を聞いたとき、凄いと思った。自分ひとりで親玉だからたいへんだが、おれも士官もおなじだ、炸薬量一トン五百五十キロで、世界に存在するいかなるフネでも一発轟沈《ごうちん》できるというなら本望だ、と思った」

というものであった。

現在の感想は、「あのころは、死ぬ、生きるということに、とくにどうという気持はなかった」のである。（昭和五十九年〈一九八四年〉八月二十七日の談話）

人間魚雷の「回天」にたいする人間爆弾が「桜花」であった。「桜花」はロケット推進の一人乗りミサイルで、炸薬量は五百四十キロ。「回天」にくらべれば約三分の一だが、炸薬量六〇キロの二百五十キロ爆弾にくらべれば、九倍の威力である。

昭和十九年十月一日、「桜花」専用の特攻部隊第七二一海軍航空隊が発足した。司令は岡村基春大佐、飛行長が岩城邦広少佐（兵学校第五十九期）、陸攻飛行隊長が野中五郎少佐（兵学校第六十一期）である。

特攻情勢がこのようにすすむなか、昭和十九年十月五日、大西は第一航空艦隊司令長官の後任予定者として、南西方面艦隊司令部付に発令された。彼は軍令部総長室に及川大将を訪ね、

「もはや特攻以外に勝機をつかむことはできない戦局と思われますが、特攻発動の時期については、私に一任していただけませんか」

と意見を述べた。

「君なら信頼できる。しかし、実行にあたっては、あくまで本人の自由意志を尊重し、決して命令しないでもらいたい」

及川はこう答えた。

「命令」では軍令部、ひいては天皇の責任になるから困る、ということばのようだが、ともかく「志願」でやってくれというわけであった。

このあと大西が、軍令部航空主務参謀の源田と、「神風攻撃隊」「敷島隊」「朝日隊」などの名称についてうちあわせをしたということは、前記のとおりである。

大西を第一航空艦隊司令長官にしたのは、形式上は米内海相である。しかし、特攻に踏み

切る蛮勇がない寺岡にかえ、大西を一航艦の長官にして特攻に踏み切らせろと主張していたのは、軍令部や現地部隊幹部たちであった。それによって米内は、大西を航空特攻の最高責任者に指名することにしたのである。

人間魚雷「回天」はすでに八月一日に米内海相の決裁があり、正式に兵器に採用され、つづいて及川軍令部総長と米内海相の承認により、呉鎮守府の第二特攻戦隊が特攻隊を編成、訓練をはじめていた。しかし回天作戦は、第六艦隊（潜水艦隊）司令長官三輪茂義中将（兵学校第三十九期）の命令で実施されることになる。

人間爆弾「桜花」の特攻隊は十月一日に発足したが、これも及川総長、米内海相の承認により、横須賀鎮守府の第七二一海軍航空隊が編成、訓練をはじめたものである。しかし桜花作戦は、のちに第五航空艦隊司令長官宇垣纏中将（兵学校第四十期）の命令で実施されることになる。

爆装零戦（のちには他機種も使われる）の特攻隊は、総長と海相の承認により、現存の戦闘機隊内で編成され、その特攻作戦は航空艦隊司令長官の命令で実施されるものである。

このように、軍令部総長と海軍大臣は、これらの各特攻隊の編成、作戦を承認し、各司令長官が作戦実施を命令するというものであった。

ただ、特攻隊の編成は志願によっておこない、命令によっておこなってはならない、そして、特攻戦死にたいしては、連合艦隊告示により、その氏名を全軍に布告し、二階級特進の名誉をあたえる、というものである。

これで当時は、多くの者が「どうせ死ぬなら」という気持から特攻隊に参加し、死地に向かったのであった。

だが大西は一航艦長官になることをすなおによろこんではいなかった。十月はじめに内示があったとき、妻の淑恵に洩《も》らした。

「ふだんなら忝《かたじ》けないほどの栄転だが、今日の時点では、陛下から三方《さんぽう》の上に九寸五分《あいくち》をのせてわたされたようなものだよ」

死を決するほかない特攻長官の座にのせられたことを悟ったのである。

しかし、もし大西に多田圭太中尉のように息子が二人いたとしたとき、それでも彼は、日露戦争の乃木希典陸軍大将にならい、二人の息子を特攻で戦死させる気になったであろうか。大西には子どもがいなかったから、あのように凄惨なことをやりきれたのではなかろうか。そこが、この人事の正常ではない点のようである。

「特攻教」教祖

昭和十九年（一九四四年）十一月はじめ、大西はマニラ市内にある官舎に陸軍第四航空軍司令官富永恭次中将を訪ねた。陸軍の新鋭偵察機百式司偵によって、海軍航空特攻隊のための偵察や戦果確認をやってほしいと頼んだのである。富永は快くひきうけた。

海軍航空特攻隊は、連日のようにレイテ周辺の米艦船攻撃に出撃した。しかし、味方の偵察機の報告によると、護衛空母をふくめて米空母だけでも何十隻もいるし、戦艦、巡洋艦、駆逐艦、輸送船などを加えると、何百隻にもなり、味方の飛行機数より多かった。

十一月中ばからの特攻攻撃は、主に敵輸送船に向けられるようになった。人間を多数殺傷し、アメリカの世論を動揺させようというのであった。

十一月十八日、大西は猪口先任参謀を連れて内地へ飛び、霞ヶ関の軍令部と横浜市北部の日吉の連合艦隊司令部へ行き、二十一日ごろ現地にもどった。約百五十機の飛行機を送ってもらうことにしたのである。まもなく搭乗員が乗ってくるのだが、ほとんどは特攻要員であった。大西の留守中に、一、二航艦の司令部は、マバラカットの北のバンバンに移っていた。

十一月中旬から特攻隊は目白押しで出撃した。しかし、米軍の戦力はすこしも衰えず、十二月上旬にはレイテでの日本軍の敗北は決定的となった。十二月十五日には、米軍はルソン島のすぐ南のミンドロ島に上陸してきた。その上陸軍にたいし、零戦三十九機と彗星二機の特攻がかけられた。そのなかには、学徒出身の中尉、少尉が多数まじっていた。

十二月末、米軍の陸海空の戦力はますます強大となり、ルソン島上陸もまぢかと見られるようになった。特攻でそれを阻止することはとうていできそうもなかった。

昭和二十年の年が明けると、米大攻略部隊の先頭は、マニラの西方海面に姿を現わしてきた。一月四日、大西は猪口先任参謀と二航艦参謀長の菊地朝三少将（兵学校第四十五期）をよんだ。

「もう飛行機もなくなったのだから、あとは一航艦がひきうけて、二航艦には台湾にひきさがってもらおうと思う」

一月六、七日に、一、二航艦の残存機がリンガエン湾の米艦船に特攻攻撃をかけ、これで特攻隊の攻撃はおわりとなった。米軍の発表では、戦艦、重巡、軽巡、駆逐艦、輸送船など十数隻が損傷した。

同日、バンバン洞窟では、飛行機がなくなった一航艦の陸戦隊化についてうちあわせがおこなわれた。そこへ連合艦隊から、「一航艦の台湾転進」命令が来た。猪口は大西に、門司副官を連れて至急フィリピンから出るように進言した。

「とにかく、大西その人を生かしておいて仕事をさせよう、というところにねらいがあると思われます」

「私が帰ったところで、もう勝つ手は私にはないよ」

「勝つ手はないかもしれませんが、戦わねばならぬ手が残っていると思います」

大西が「勝つ手はないよ」と言ったのは、米軍との二ヵ月余の戦いで、その強大さを知ったからであった。特攻隊をいくら出しても、敵に多少の損害をあたえることはできたが、戦局を挽回できるほどの打撃はあたえられなかったのである。

大西は、参謀ほかの司令部要員とともに、台湾に脱出することにした。その他の将兵はすべて陸戦隊となり、米軍と戦わねばならない。

一月十日午前二時すぎ、大西一行は、クラーク中飛行場で、台湾へ飛ぶ一式陸攻の出発を待っていた。この基地指揮官は二航艦七六三空の司令佐多直大大佐（兵学校第五十期）であった。佐多は暗いなかをすすきを分けてやってきて、大西と小田原俊彦参謀長（大佐、兵学校第四十八期）に挨拶をしたが、そっけなく自分の防空壕の方へ帰っていった。佐多の態度には、「一航艦も部下を死地に置き去りにして逃げるのか」という反感がありありと見えていた。

飛行機の発進準備がととのったとき、大西は門司副官をやって佐多をよびつけた。

「そんなことで戦《いくさ》ができるか」

右拳《こぶし》で佐多の頰を殴りつけた。

「わかりました」

佐多は大西の気持を察したようであった。その顔を凝視した大西は、背を向けて飛行機の方へ歩いた。

大西一行が乗った一式陸攻は夜明け後に高雄飛行場に着いた。十分ほどのちに、同飛行場は米空母機群の空襲をうけた。着陸がおくれていたら、一航艦司令部は、大西以下全滅するところであった。のちに大西は、

「あのとき撃ち落とされていたら、いまごろこんな苦労をしなくてもよかったのになあ」

と、折にふれてつぶやいた。

連合艦隊命令によって一月八日付で第二航空艦隊は解隊となり、一航艦に吸収されることになった。福留二航艦司令長官は南西方面艦隊司令部付となり、二航艦の参謀たちは一航艦司令部付となった。しかし、一航艦の部隊はすべてフィリピンに残り、台湾には二航艦の残留部隊がいるだけだった。それも飛行機数が三十機ぐらいしかなく、新しい一航艦は航空兵力を再建しなければならなかった。

一航艦司令部は高雄基地から約四キロ北の小崗《しょうこう》山という丘の壕舎《ごうしゃ》に定められた。

一月十八日、台南航空隊の中庭で、午後五時、「神風特別攻撃隊新高隊」の命名式がおこなわれ、大西は訓示をした。そのなかで、つぎのようなことを述べた。

「この神風特別攻撃隊が出て、しかも万一負けたとしても、日本は亡国にはならない。これが出ないで負ければ真の亡国になる」

六、七日まえ、大西一行が台湾にうつってきた直後、東京日日新聞の戸川幸夫記者は、大西とつぎのような問答をかわしていた。
「特攻によって日本はアメリカに勝てるのですか?」

「いくらアメリカでも日本国民を根絶してしまうことはできない。攻めあぐねればアメリカもここらで日本と和平しようと考える。そこまで持ちこめばとりもなおさず、勝ちとは言えないまでも負けにはならない。国民すべてが特攻精神を発揮すれば、たとえ負けたとしても、日本は亡びない、そういうことだ」

前年十一月はじめごろ、大阪毎日新聞の後藤基治記者は、大西からつぎのようなことを聞いていた。

「この戦争は勝てないかもしれない。だが、ここで青年が起たなければ、日本は滅びますよ。青年たちが国難に殉じていかに戦ったかという歴史が残されるかぎり、日本と日本人は滅びないのだ」

大西の特攻にたいするこのような考え方はどのようにして生まれてきたのか。

最初は、「内地にいた時にはとうていやる気にはなれなかった」であった。ついで、「こうまでやられているのを見ると、自分にもやっとこれをやる決心がついたよ」となり、「戦局はみなの承知の通りで、今度の『捷《しょう》号作戦』にもし失敗すれば、それこそ由々しい大事を招くことになる。したがって、一航艦としては、ぜひとも栗田部隊のレイテ突入を成功させなければならないが(戦艦無用論者がはじめてこのような考えになったようである)、そのためには敵の機動部隊を叩《たた》いて、すくなくとも一週間ぐらい、敵の空母の甲板を使えないようにする必要があると思う。そのためには零戦に二百五十キロの爆弾を抱かせて体当たりをやるほかに、確実な攻撃法はないと思うが……」に進んだ。

その後、「捷一号作戦」が完敗におわると、「こんなことをせねばならないというのは、日本の作戦指導がいかにまずいか、ということを示しているんだよ。なあ、こりゃあね、統率の外道だよ」と変わった。

しかし、特攻以外に打つ手がなく、特攻をつづけるしかなくて、「こんな機材の数や搭乗員の技量では戦闘をやっても、この若い人びとはいたずらに敵の餌食《えじき》になってしまうばかりだ。部下をして死所を得さしめるのは主将として大事なことだ。だから自分は、これが大愛であると信ずる。小さい愛にこだわらず、自分はこの際つづける」と考えることにした。

そしてまた特攻をつづけたのだが、いくらつづけても戦局は好転せず、「もう勝つ手は私にはないよ」となった。といっても、あくまで戦わねばおさまらず、「特攻が出て負けたとしても、日本は亡国にはならない。これが出ないで負ければ真の亡国になる」に行きついた。

大西は生まれたときから負けず嫌いの強情っぱりであった。それが三十代で西郷隆盛に傾倒し、「正道を踏み、国を以て斃《たお》るるの精神無くば、外国交際は全《まった》かる可《べ》からず……」というものに共感した。一方、「一花はひらく天下の春、一波は動かす四海の波」をモットーに生きてきた。このような大西がいったん特攻に踏み切れば、国を以て斃るるも戦うというところに行くのは、当然であった。

「大愛」とか、「特攻が出ないで負ければ真の亡国になる」というのは、特攻を正当化したい大西流の理屈であろう。

一、二航艦が合体して一航艦となり、司令部員の人事異動があった。小田原参謀長が内地転勤となり、二航艦参謀長であった菊地少将がその後任となった。

一月二十五日、小田原参謀長ほかは一式陸攻で高雄基地から出発、内地に向かった。ところが同機は約一時間後、緊急電信を打って行方不明となった。二日後、小田原の遺体が台湾北西岸の新竹に近い海岸にうちあげられた。門司副官が新竹基地に行き、白木の箱に入った遺骨をうけとって、小崗山の洞窟に帰ってきた。大西は、門司が胸に抱える白木の箱に頭を下げた。

「参謀長が先に死のうとは思わなかった」

この日、大西をはじめとする一航艦司令部員たちは小田原の告別式をおこなった。菊地参謀長が吟詠をした。

けふ咲きてあす散る花の我身かな
　いかでその香を清くとどめむ

おわったとき、大西が聞いた。

「だれの歌だ」

「これは特攻に出た隊員の歌ですが、読みびと知らずです」

「もういちどやってくれ」

菊地がふたたびはじめると、大西はうつむいて涙を落とした。

米軍がルソン島に上陸すると、日本本土と仏印、マレー、蘭印などをつなぐ海上輸送が急激に困難となった。米軍の航空攻撃にさらされることになったからである。

二十年一月に入ると、米機動部隊は南支那海に侵入してきた。同月十二日には、仏印東岸キノン沖を日本に向かって航走中の九隻の油槽船団が米空母機隊に襲われ、その護衛部隊とともに全滅した。このほか仏印沿岸一帯の船舶多数も米空母機隊に襲われ、潰滅《かいめつ》的打撃を加えられた。この日の日本側の損害は、輸送船、油槽船など三十三隻、艦艇十三隻沈没というひどいものであった。

同月十五、十六日には香港が襲われ、大型タンカー五隻が撃沈された。二十一日には高雄が空襲され、大型タンカーほか重要船舶が十隻撃沈された。

これにたいして、一月十九日ごろの日本陸海軍の航空兵力はつぎのように弱小で、米軍にあたえる損害は僅少であった。

台湾方面　一航艦五十機、陸軍第八飛行師団百二十六機

本土方面　三航艦二百機　十一航戦二百機（うち陸軍機五十四機）　陸軍第六航空軍百機

そのうえ、南方からの燃料輸送がほとんど途絶し、航空燃料は極度に逼迫《ひっぱく》していた。

大西が特攻精神を頼みにするのにたいして、当時の米軍の対日基本戦略は、大本営陸軍部によって、つぎのように判断されていた。

1 南方地域と日本本土との交通を完全に遮断する。さらに日本本土と朝鮮、満州、支那との交通を有効に遮断する。
2 日本本土の資源と生産源を枯渇させ、戦力の減退と同時に国民の戦意を破砕する。そのために、マリアナ基地からのB29による本土空襲をいよいよ強化する。
3 日本の空、海、陸の骨幹兵力を破砕する。(レイテ作戦で、空、海の骨幹兵力はすでに実質的に潰滅同然となったが、航空兵力はあるていど再建されるから)
4 日本本土中の中枢部を米基地航空機の威力圏に収める。そのため、小笠原諸島、台湾、南西諸島、揚子江下流などを占領し、航空基地をつくる。

また大本営陸海軍部は、ソ連の動向をつぎのように見ていた。

「ソ連は本春、中立条約の破棄を通告する公算がそうとう多い。そして日本の国力が弱化し、米軍の日本本土進攻準備が完成する本年秋以後、対日参戦の挙に出る算が多い。ソ連が参戦した場合は、その極東軍は優勢な航空、機甲部隊を主体として、急襲的に満州、朝鮮、華北、樺太に侵入してくる」

昭和二十年(一九四五年)二月十九日、米軍は日本のノド元の硫黄島に上陸を開始した。

同日、第三航空艦隊司令長官寺岡謹平中将は、茨城県香取基地で、六〇一空はじめての特攻隊、第二御盾特別攻撃隊を編成した。寺岡はフィリピンの第一航空艦隊司令長官時代、二十六航戦司令官有馬少将から再三特攻編成の進言をうけたが、これを却下してきた。しかし、米軍の硫黄島上陸に接し、また部下たちの熱烈な意見を聞き、特攻に踏み切ったものである。その編成はつぎのとおりであった。

隊長村川弘大尉（兵学校第七十期）

第一攻撃隊　戦闘機四　艦爆四

第二攻撃隊　戦闘機四　艦爆四

第三攻撃隊　戦闘機四　艦爆四

第四攻撃隊　艦攻四

第五攻撃隊　雷撃機四

二月二十一日朝、第二御盾隊は香取基地を発進、いったん八丈島に着陸し、燃料補給後、正午ごろ同島を飛び立った。同隊は、夕刻までに護衛空母「ビスマーク・シー」を撃沈、正規空母「サラトガ」、護衛空母「ルンガ・ポイント」、貨物船一隻、上陸用舟艇二隻を撃破した。（戦後米軍発表）

一方、二月十九日、先遣部隊（潜水艦を主力とする部隊）指揮官三輪茂義中将（兵学校第三十九期）は、伊三六八潜、伊三七〇潜、伊四四潜で「回天」特別攻撃部隊千早隊を編成し、硫黄島方面の敵艦船にたいする奇襲攻撃を命じた。

しかし、伊三六八、伊三七〇は消息不明のまま未帰還となった。伊四四潜は、艦長川口源兵衛少佐（兵学校第六十六期）が「現在の潜水艦の性能、装備で、警戒厳重な敵の洋上泊地に進入し、回天攻撃を加えることは無謀であり、やる以上は有効な死処を得たい」として、攻撃をやめ帰投した。司令部は、「哨戒艇に会ったくらいでひき返してはどうにもならない」として同艦長を更迭した。だが、調査の結果、同艦長の意見が認められ、その後潜水艦は泊地攻撃をやめ、洋上攻撃をするようになったのである。

人間魚雷「回天」の最初の出撃は、昭和十九年十一月八日であった。それぞれ「回天」四基を積んだ伊三六潜、伊三七潜、伊四七潜は、同日、山口県徳山湾の大津島を出撃した。

このうち伊三七潜は、十一月十九日、パラオ島コッソル水道西口で米駆逐艦二隻の爆雷攻撃をうけ、「回天」を発進させるまえに沈没した。

伊三六潜は、同月二十日未明、西カロリン諸島ウルシー島北方泊地ふきんで、今西太一少尉搭乗の「回天」を発進させ、約一時間後に大爆発音を聞いた。

伊四七潜は、同日午前四時すぎ、ウルシー島南方泊地ふきんで、仁科関夫中尉、福田斉中尉、佐藤章少尉、渡辺幸三少尉の四基の「回天」を発進させ、約一時間後から三つの爆発音を聞いた。

米軍の発表によると、この日、ウルシー方面でうけた損害は、ウルシー南泊地の油槽艦「ミシシネワ」沈没だけであった。

その後、「回天」による米軍の損害は、昭和二十年一月十二日の輸送船「ポンタス・ロ」小破、四月二十七日の揚陸艦「マラソン」損傷（これは「回天」か特潜か未確認）、七月二十四日の駆逐艦「アンダーヒル」沈没となっている。

三月十一日、司令長官宇垣纏《まとめ》中将がひきいる第五航空艦隊の梓《あずさ》特別攻撃隊（銀河二十四機と誘導飛行艇二機）はウルシー在泊中の米機動部隊を攻撃した。しかし銀河十三機が途中で不時着し、残りの十一機も天候不良で現地到着が遅れて夜になり、攻撃がほとんど成功しなかった。米軍発表では、護衛空母「ランドルフ」損傷だけであった。

空と海の特攻作戦もむなしく、硫黄島の日本軍は、三月十七日に全滅した。これでいよいよ米空軍の日本本土空襲が激しくなるのである。

昭和二十年二月下旬、上海から児玉機関の児玉誉士夫が、同僚の藤と、小崗山に大西を訪ねてきた。児玉は三十五、六歳で、大西は五十三歳である。彼は大西に、中国産の硯《すずり》、墨、筆と空気銃をプレゼントした。大西は児玉と懐かしそうに話し合った。

児玉が帰ったあと、大西は洞窟内の私室で、児玉にもらった墨と筆で、ときどき揮毫《きごう》するようになった。

「青少の純　神風を起す」と大きく書いた。

それとともに、細字で、各部隊への訓示を書いた。厚めの巻紙に書いたのだが、思いのたけを書いたため、おどろくほど長文となった。それが完成すると、大西は、各基地の巡視をはじめた。高雄、台南、仁徳、帰仁、台中、新社、虎尾、新竹、台北、宜蘭という順であった。

大西は、どの基地でも、指揮官、幹部だけでなく、一兵卒、ところによっては軍属の末端の者まで集合させて、熱心に訓示をした。この訓示は、巡視がおわったあと、三月八日にガリ版の文書にして、各部隊に配布された。要点を取り上げてみる。

――……全般的の戦力の低下、同盟国独逸《ドイツ》の苦戦等を思い合せると、日本は遠からず負けるのではないか、と心配する人もあるであろう。然《しか》し、日本は決して負けないと断言する。今迄《まで》我軍には局地戦に於て降服と云《い》うものがなかった。戦争の全局に於ても亦《また》同様である。局地戦では全員玉砕であるが、戦争全体としては、日本人の五分の一が戦死する以前に敵の方が先に参ることは受合いだ。

米英を敵とするこの戦争が、極めて困難なもので、特質的に勝算の無いものであることは、開戦前から分かったのであって、現状は予想より数段我に有利なのである。

然らば、斯《か》くの如き困難な戦争を何故始めたかと云えば、困難さや勝ち負けは度外視しても、開戦しなければならない様に追いつめられたのである。

敵の圧迫に屈従して戦わずして精神的に亡国となるか、或いは三千年の歴史と共に亡びることを覚悟して、戦って活路を見出すかの岐路に立ったのである。ところで、後者を選んで死中に活を見出す捨身の策に出たのである。

……純然たる武力戦による、海の上で勝つ見込みは殆《ほとん》ど無いが、長期持久戦による思想戦に於いて勝たんとするものであって、武力戦はその手段に過ぎないのである。

即《すなわ》ち、時と場所とを選ばず、成るべく多くの敵を殺し、彼をして戦争の悲惨を満喫せしめ、一方国民生活を困難にして、何時《いつ》までやっても埒《らち》のあかぬ悲惨な戦争を、何が為に続けるかとの疑問を生ぜしめる。この点、米国は我が国と違って明確な戦争目的を持たないのであって、その結果は、政府に対する不平不満となり、厭戦《えんせん》思想となるのである。……彼は、もう一ケ月すれば独逸が参る、三ケ月で日本が手を挙げると国民を引張って居るのである。

之に対して我は、如何《いか》に多くの人命を失うとも、如何に生活が苦しく共、之が何年続くとも頑張り通し、凡《あら》ゆる手段方法を以て、多大の敵を殺すのである。

我々は已《や》むに已まれぬ戦争、而《しか》も皇国日本が、三千年の歴史と共に亡びるかどうかの戦争である。如何なることがあっても敗けられぬ戦争である。

正味の戦争は之からだ。

戦争の苦痛を味わった点に於て日本は未だ足らない。独逸、ロシア、英国等が如何に多くの人命を失い、而も之に耐えて居るかを見よ。苦しみ抜いて然る後勝って始めて戦争の仕甲斐《しがい》があるのである。

……然し又考え直すと、三百機四百機の特攻隊で簡単に勝利が得られたのでは、日本人全部の心が直らない。日本人全部が特攻精神に徹底した時に、神は始めて勝利を授けるのであって、神の御心は深遠である。日本国民全部から欧米思想を拭《ぬぐ》い去って、本然の日本人の姿に立ち返らしむるには、荒行が必要だ。今や我が国は将来の発展の為に一大試練を課せられて居るのである。禊《みそぎ》をして居るのである。

……今や、日本には特攻精神が将《まさ》に風靡《ふうび》せんとしている。特攻隊は空に海に活躍している。

陸海軍数千台の練習機も、特攻隊に編成せられつつある。国民残らず此《こ》の覚悟で頑張るならば必らず勝つ。少なくとも決して敗れることはない。

百万の敵が本土に来襲せば、我は全国民を戦力化して、三百万五百万の犠牲を覚悟して之を殲滅《せんめつ》せよ。

三千年の昔の生活に堪える覚悟をするならば、空襲などは問題ではないのである。

斯《か》く不敗の態勢を整えつつ、凡ゆる手段方法を以て敵を殺せ。その方法は幾らでもある。

斯くして何年でも何十年でも頑張れ。そこに必ず活路が啓《ひら》かれ、真に光栄ある勝利が与えられるのである。

……最後に、特に述べたいことが二、三ある。

国家存亡の秋《とき》に当って、頼みとするは必死国に殉ずる覚悟をしておる純真な青年である。

大日本精神、楠公《なんこう》精神、大和魂を上手に説明する学者や国士は沢山あるであろうが、此等の人に特攻隊を命じても出来ないであろう。之をよくするものは、諸士青年の若さである。実に若者の純真と其の体力と気力とである。

今後、此の戦争を勝ち抜く為の如何なる政治も、作戦指導も、諸士青年の特攻の精神と、之が実行を基礎として計画されるにあらずんば、成り立たないのである。

……如何なることがあっても光輝三千年の皇国を護《まも》り通さねばならないのである。

各自定められた任務配置に於て、最も効果的な死を撰《えら》ばなければならない。

死は目的ではないが、各自必死の覚悟を以て、一人でも多くの敵を斃《たお》すことが、皇国を護る最良の方法であって、之に依《よ》って、最後は勝つのである。——

大西は「西郷隆盛を科学したような男」と言われたというが、この訓示からは「科学」が消えている。ここへ来て大西は、「特攻教」の教祖になったようである。訓示が神がかり的で、合理性がない。

おかしいところを指摘する。

「日本人の五分の一が戦死する以前に敵の方が先に参ることは受合いだ」

日本人の五分の一と言えば二千万人で、戦死というのだから大部分は働きざかりの男であろう。それだけの男が死んで、あとどうなるか。敵の方が先に参ることは請け合いだと言うが、うらづけがない。米・英・蘭・豪・中それにソ連が束になってかかってくれば、日本の方が参るのが請け合いであろう。

「この戦争に勝算がないことは開戦前から分かった（米内、山本、井上その他多くの有識者は、国力の差がありすぎて最終的に勝てないと言っていた）が、開戦しなければならない様に追いつめられたのである」

米英の日本にたいする要求は、中国および全仏印からの日本軍の全面撤兵、中国にたいする機会均等、日独伊三国同盟からの脱退という三つが主なもので、これにも理がある。最後に対日石油輸出禁止、ハル・ノートなどで日本が戦争に追いこまれたことはたしかである。しかしそのまえに日本も、北部仏印武力進駐、日独伊三国同盟締結、南部仏印武力進駐をやり、米・英・仏・蘭などを戦争に追いこんでいたこともたしかである。

「敵の圧迫に屈従して戦わずして精神的に亡国となるか、或いは三千年の歴史と共に亡びることを覚悟して、戦って活路を見出すか」

これほどの覚悟で戦《いくさ》をするというからには、世界に通じる正義の戦であるということが前提になければならないが、そういうものはない。また、降伏すれば精神的に亡国になると断定するのも早計であろう。

「成るべく多くの敵を殺し、彼をして戦争の悲惨を満喫せしめ」

と言っても、事はかんたんにはこばない。

「米国は我が国と違って明確な戦争目的を持たない」

米国は、ドイツのナチズムと日本軍国主義を倒さなければ、米国に堪えがたい害をもたらすと考えていた。

「如何に多くの人命を失うとも、如何に生活が苦しく共、之が何年続くとも頑張り通し」

道理のない主張である。

「日本人全部が特攻精神に徹底した時に、神は始めて勝利を授ける……。日本国民全部から欧米思想を拭い去って、本然の日本人の姿に立ち返らしむるには、荒行が必要だ」

正義の戦とも言えない、戦争指導も作戦指導もまずい、ということを棚に上げ、日本人全部に特攻精神を持てと言っても、「本然の日本人の姿」になるわけがない。

「今後、此の戦争を勝ち抜く為の如何なる政治も、作戦指導も、諸士青年の特攻精神と、之が実行を基礎として計画されるにあらずんば、成り立たないのである。……各自必死の覚悟を以て、一人でも多くの敵を斃すことが、皇国を護る最良の方法であって、之に依って、最後は勝つのである」

本土決戦で徹底的に抗戦した場合、敵味方の戦力差からすれば、勝つどころか、皇室も国民も国土も粉砕されて何も残らなくなると見るのがほんとうであろう。

大西のこの訓示から三ヵ月あとのことだが、つぎのようなことがあった。

山本啓四郎少佐（兵学校第六十期）は、昭和二十年六月四日、海軍省副官兼大臣秘書官に着任した。何日後かに、先任副官から「厳秘」の印を押した印刷物がわたされた。最高戦争指導会議（首相、外相、陸相、海相、参謀総長、軍令部総長によるもの）で配布された資料（と記憶する）であった。それには日本の戦争遂行能力を示す石油をはじめ、軍需生産の現況、戦災による国内の被害状況、民生とくに食糧事情等が書かれてあった。そして、「国内の食糧事情が秋以降は責任が持てない――餓死者が出始めるかも知れない」と明記されていた。山本は転倒せんばかりの衝撃をうけ、「これでは戦争は続けられないのではないか」と思った。（同人著『航跡』）

この資料は、六月八日の御前会議で検討された「国力の現状判断」のようだが、会議の席上石黒農相は、「食糧事情」について、昭和二十年の米は八百万石不足、麦作は不良で三、四十パーセント減と報告している。

豊田軍需大臣（貞次郎、海軍大将、兵学校第三十三期）は、同会議の席上で、「国力の現状」について所見を述べている（『高木海軍少将覚え書』）が、そのなかの「民心の動向」と

「国民生活」はつぎのようなものであった。

――二、民心の動向

……軍部及び政府に対する批判逐次盛んとなり、ややもすれば指導部に対する信頼感に動揺を来しつつある傾向あり。国民道義は頽廃《たいはい》の兆《きざし》あり。自己防衛の観念強く、敢闘奉公精神の昂揚《こうよう》充分ならず。庶民層には、農家においても諦観《ていかん》、自棄的風潮あり。指導智識層には焦燥、和平翼求《ききゅう》気分底流しつつあるを看取す。

変革的企図を以てする蠢動《しゅんどう》形跡。沖縄作戦最悪の場合に於ける民心の動向に対しては、特に深甚《しんじん》の注意と適切なる指導とを必要とす。

六、国民生活

食料逼迫。

局地的飢餓状態、治安上楽観を許さず。物価騰貴。戦時経済の組織的運営を不能ならしむ。――

六月十四日、米内海相は高木惣吉少将に、

「最近梅津（参謀総長）が拝謁して相当悲観的なことを奏上したらしい。そこでお上は、あの国力判断（六月八日の御前会議における）と梅津の奏上で、この際名誉ある……（和平）は考慮すべき時期だとお考えになられたらしい。……」

と語った。

同日高木は梅津の奏上について松平宮内省秘書官長にたしかめたところ、つぎのようであった。

「在満支兵力はみな合わせても米軍の八個師団分くらいしかなく、しかも弾薬保有量は近代式大会戦をやれば一回分しかないということを奏上したので、お上は、内地の部隊は在満支部隊よりはるかに装備が劣るから、戦にならぬのではないかとお考えを抱かれた様子である」（『戦史叢書　大本営海軍部・連合艦隊（7）』）

この現実からすると、大西の訓示はおかしいところばかりである。

けっきょく大西は、「武力戦による、海の上で勝つ見込みは殆ど無い」と言いながら、「死んでも負けたくない」執念から「特攻教」のような神がかりの考えになったのであろう。

これにたいして米軍は、日本の特攻を脅威とはしたが、特攻を科学的に分析して、防御策を講じた。たとえば、こういうものである。

特攻機の攻撃をうけたとき、小艦艇は回避運動をせずに、対空砲火を猛射して撃墜に専念し、特攻機が突入体勢に入った瞬間に転舵《てんだ》する。この方法を米艦艇がとりはじめたら、日本の特攻機の戦果は約四十パーセントも低下したという。

『大西瀧治郎』には「戦後米海軍から発表された文献を綜合すれば特攻命中機は四百五十機に上っている。この数字は海軍特攻機総数二千四百五十機の実に一八％に当り、これに陸軍特攻機五百機（実際は千機）を加えた海陸軍合計二千九百五十機としても、命中率は、一五％強に相当する。平時演習に於ける命中率は、数十％の好成績を示すことも少なくないが、砲弾雨飛の実戦場裡《り》に於ては、統計上二％内外といわれる。航空爆撃にあっても大同小異である。特攻戦果は殆どその十倍に当るのである」と書いてある。

しかし、特攻機が命中して米軍にあたえた損害は、戦局に影響するほど大きいものではなかった。

日本軍の激しい特攻にもかかわらず、米軍の進撃はすこしも衰えず、いよいよ日本本土に迫ってきたのである。

負けて目ざめることが最上の道

大西の訓示のなかに、「今や、日本には特攻精神が将《まさ》に風靡《ふうび》せんとしている。特攻隊は空に海に活躍している。陸海軍数千台の練習機も、特攻隊に編成せられつつある。国民残らず此《こ》の覚悟で頑張るならば必らず勝つ。少なくとも決して敗れることはない」というところがある。これもおかしいが、すこしくわしく説明したい。

昭和二十年（一九四五年）三月はじめ、千葉県木更津で、連合艦隊の「沖縄作戦会議」がひらかれた。各航空部隊から飛行隊長以上が三百名ぐらいあつまった。連合艦隊参謀長の草鹿龍之介中将がつぎのような話をした。

「航空燃料が底をつき、今後は一機あたり一ヵ月に十五時間分しかない。そこで、赤トンボ（九三式中間練習機）の四千機をふくめ、全航空兵力を特攻とする」

夜間戦闘機隊の芙蓉部隊指揮官美濃部正少佐（兵学校第六十四期）が立ち上がった。

「赤トンボまで特攻に出すのはナンセンスです」

「貴様は何を言うか。必死尽忠の士が空をおおって進撃するとき、これを阻むものがあるか」

草鹿がいきまいて言った。美濃部は恐れずに反論した。

「私は死ぬのがこわくて言うのではありません。敵の速力は三百ノット（時速約五百五十六キロ）です。そのなかに百や百五十ノットの飛行機を泳がせて、どうなりますか。バッタのように落とされます。ものは試し、私は箱根の上空で一機で待っています。ここにおられる方のうち、五十人が赤トンボに乗ってきてください。私ひとりでぜんぶたたき落としてみせましょう」

だれも、何も言わなかった。美濃部の言うとおりだったからである。しかし、彼の主張は聞き流され、赤トンボ特攻隊も編成されることになった。敵の戦闘機に遭遇しないか、遭遇しても撃墜されずに残った赤トンボは、敵艦に体当たりできようというのであった。

昭和十九年十一月中旬、美濃部はセブ基地にいた。ある日、よび出しをうけ、クラークフィールド基地に飛び、大西に会った。大西は美濃部にパラオ島コッソル水道の米飛行艇、魚雷艇攻撃を命じた。話し合いの末、大西は夜間戦闘機月光で特攻をやれと命じた。美濃部はつぎのように答えた。

「おことばですが、特攻さえ出せばいいという考え方はどうかと思います。特攻以外の方法で、長官の意図に副《そ》えるならば、その方がすぐれているわけです。私は、それに全力を尽くすべきだと思います」

二週間ほどまえの十月二十五日、美濃部はクラークフィールド基地で、大西が飛行隊長以上を集めて、「特攻に反対する者はたたき斬る」と話したのを聞いていた。しかし、信ずることを述べたのである。

「だいいち、特攻には指揮官が要りません。私は指揮官として自分の方法を持っています。私は部隊の兵の使い方は、長官のご指示をうけません」

美濃部のことばに、大西は怒らなかった。

「それだけの抱負と気概をもった指揮官であったか。よし、その特攻は中止して、すべて君にまかせる」

美濃部の部隊は夜間コッソル水道上空に飛び、照明弾を落として米軍を攪乱《かくらん》し、夜明けまえ零戦四機で奇襲し、米飛行艇、魚雷艇の焼き打ちに成功した。

十二月一日、大西は美濃部に、内地に帰り、美濃部の思うとおりの飛行機隊を編成するように命じた。

内地に帰った美濃部は、寺岡三航艦司令長官の援助をうけ、彗星艦爆七十機と零戦三十機の夜間戦闘機隊を編成し、静岡県の藤枝基地で訓練を開始した。それが戦闘八〇四、八一二、九〇一による第一三一航空隊で、特攻はいっさいやらない芙蓉部隊であった。

赤トンボ特攻隊がはじめて出撃したのは昭和二十年七月二十九日である。三村弘上等飛行兵曹がひきいる神風特別攻撃隊第三龍虎《りゅうこ》隊の九三中練（九三式中間練習機）八機は、二十八日深夜、南西諸島西部の宮古島を発進、沖縄本島の米艦船攻撃に向かった。二十九日午前零時四十一分、その一機が米駆逐艦「キャラガン」に命中、全爆雷を誘爆させて撃沈し、乗員四十七名を戦死させた。他の三機は、それぞれ駆逐艦「ブリチェット」、同「キャシンヤング」、輸送駆逐艦「ボーレス・A・バイ」に命中、それらを撃破した。

翌七月三十日には、おなじく第三龍虎隊の九三中練三機が宮古島から沖縄本島の米艦船攻撃に向かったが、戦果不明のまま未帰還となった。

「キャラガン」撃沈は、神風特攻機による撃沈の最後のものであった。米戦闘機につかまらなかったのと、夜間の奇襲だったので、成功したのである。

しかし、赤トンボ特攻隊は、米戦闘機につかまれば、美濃部の言ったとおりになったにちがいない。

三月はじめ、木更津でおこなわれた連合艦隊の「沖縄作戦会議」のころの作戦指導者や指揮官たちは、特攻隊員にたいして「必死尽忠の士」と言っても、内心は弾丸か爆弾の一発ぐらいにしか思っていなかったようである。赤トンボ四千機まで特攻にするというのは、実用機とその搭乗員が数すくなくなったこともあろうが、下手な鉄砲も数撃ちゃ当たる式の考えになっていたとしか考えられない。

軍令部第一部第一課で艦隊編成を主務としていた土肥一夫中佐（兵学校第五十四期）は、ある日同僚のひとりが、「一億特攻」をさかんに主張するのを聞いた。そこで、

「お前さんは自分が特攻に行くんじゃないんだろう」

と言ったところ、その参謀は黙ってしまった。

大西は、「日本国民全部から欧米思想を拭《ぬぐ》い去って、本然の日本人の姿に立ち返らしむるには、荒行が必要だ。今や我が国は将来の発展の為に一大試練を課せられて居るのである。禊《みそぎ》をして居るのである」と熱心に説いたが、作戦指導者や指揮官たちのほとんどは、特攻の枠外にいたのである。

第一神風特別攻撃隊編成の当事者であった猪口、玉井、中島もご多分に洩《も》れなかった。猪口、中島共著『神風特別攻撃隊の記録』の「まえがき」にはつぎのようなことが書いてある。

——これは警世の書でもないし、批判の書でもない。ただ神風特別攻撃隊に真剣にたずさわった人々、とりわけ若い人々の業績を記録した史実の書であり、かつはその資料を提供して、この人々の悲願を達成させることを祈った念願の書である。

……当時、特攻隊員の精神をあらわす言葉として、よく「悠久の大義に生きる」ということがいわれた。この言葉は「国家も社会も宇宙も、すべて大君に帰一してみるという信仰に燃え、この信仰に殉ずる」態度を指したものである。命ずるものと命ぜられるものとが、この信仰に溶け合っていなければ、おそらく特別攻撃は不可能であったに違いない。だからといって、大西長官をそのまま肯定できるものではないが、「統率の外道」と知りつつ、長官はいかにして自身を肯定せしめたか、考えなければならない問題であろうと思う。

ただ、特別攻撃隊員は決して大西長官の責任を問うてはいなかった。むしろ、長官をして特別攻撃の実施の断を下さしめるような、熾《し》烈《れつ》な雰囲気をもっていた。彼らは、自分がなにか特別のことをするのだ、というような意識さえ現わさなかった。あるいは「死」ということよりも、いかにして「命中するか」に心を奪われていたのかもしれない。しかしそれだけで、あのようにいさぎよく死をはたすことはできなかったであろう。われわれにはやはり、彼らは「死」ということの裡《うち》に、死を契機として「生き切る」という意識を潜《ひそ》めて、事に処していたように思われる。なぜ「潜めて」かといえば、彼らはそのような自覚を意識しもしなかったであろうし、自覚するにはまた、この意識は彼らの内部に生きている日本国家の長い歴史と伝統の深みにありすぎた、といえよう。それゆえにこそ、彼らの所行は可憐《かれん》なほど美しく、言いしれぬ感銘を与えるのである。われわれが範としていた大楠公《だいなんこう》は、湊川《みなとがわ》出陣にあたって明極和尚に参じ、「生死交謝ノ時如何」「両頭倶《とも》ニ截断《せつだん》シ一剣天ニ倚《よ》ツテ寒シ」の問答により、心境の徹底をたしかめ、「非理法権天」の旗を掲げて戦場にむかったという。特攻隊員は、はたして「一剣天ニ倚ツテ寒シ」の消息を得たであろうか？　両頭とも截断した味到はどうであったろうか？　われわれは今はただ彼ら二千五百二十余名の眠りの永遠に安からんことを祈るのみである。

猪口力平（現姓　詫間）
中島　正　――

本書の概要は、昭和二十六年に「リーダーズ・ダイジェスト」によって全世界に紹介され、その後、アメリカ、フランス、イギリス、ドイツ、イタリア、スペイン、ノルウェー、フィンランド、アルジェンチンの各国において、翻訳出版され、多大の反響を呼んだ。

また、同書の「第６部　神風特別攻撃戦への回顧」、「Ⅱ　神風特別攻撃隊員の心境」、「特別攻撃隊員の遺書」のなかでは、つぎのようなことが書いてある。

――欧米人は、いや時には日本人ですら、特別攻撃隊を強制して行なったように考えがちであるが、強制のみでこのような絶対的に「きつい」ことが、何のよどみもなく、あのように多く、あのように長く、つづいて行なえるわけがない。命ずるものと命ぜられるものとの心の底に、相通ずる民族的な何ものかがあったはずである。それを「神州の正気」といっては言い過ぎであろうか。

私は、神風特別攻撃隊に対する批判はどうであろうとも、潔く散った彼ら自身だけは救われてくれ、と祈念してやまないものである。――

この二つの文からすると、特攻をやったのは大西と特攻隊員たちで、その責任は彼らにあり、猪口と中島は特攻の枠外にいたので、特攻にたいする責任はないとしているようである。もっとも、責任があるとしたら、大西同様腹を切らねばならなかったか、本を書くにしても、事実を粉飾せずに書かねばならなかったであろう。しかしほんとうは、責任があると認めて真実を書くのが、戦死した特攻隊員たちにたいして、真の鎮魂になったのではないか。それを第三者のような調子で、「悠久の大義に生きる」、「死を契機として生き切る」、「両頭倶ニ截断シ一剣天ニ倚ツテ寒シ」、「神州の正気」などと書いたのでは、またそれで人をだますのかということになりそうである。

前記土肥一夫は、特攻についてつぎのように言っている。

「栗田艦隊がレイテに突入するというときは、全力をぶつけるつもりで、特攻もやむをえない、と全軍が思っていたのではないだろうか。しかしのべつまくなしの特攻はやるべきではない、と私は思っていました。

特攻隊の戦果については、軍令部の私らは、特攻の方たちにはたいへん気の毒だが、それほど大きく考えていませんでした。

しかし、特攻をやらずに手を挙げるのは、日本人として、ちょっとできなかったかもしれない。効果のあるなしにかかわらず、やらなければすまなかったというものかもしれません。特攻が無意味だったとは言えないでしょう。アメリカもこわがったことは事実ですし」

特攻隊員たちがどのような考えで出撃して行ったかは、彼らの手記を載せたいろいろな本に書かれているが、甲飛十期会の『散る桜残る桜』には、つぎのようなことが書いてある。

——……あるとき高橋（良生）が搭乗員待機所で、初桜隊で出撃した藤本寿（昭和十九年十月二十九日、比島東方で特攻戦死）が出発前に、

『俺は〝天皇陛下万歳〟とはいえない、〝お母さん〟と呼びながら体当りするんだ』と彼に云いのこしていったことを話していた。誰を対手《あいて》に話していたのか記憶がないが、たまたまこの話を同席していた要務さん（要務士、海軍少尉の総務係）が聞いた。

「それで良いのだ。我々は、自己に満足して死ぬのが本当ではないか。その死が、忠であったか孝であったかなどということは、あとに残った者のいう事で、敵艦に体当りする者が、その直前に、今まで育ててくれたお母さん、やさしいお母さんに〝お母さん〟と呼べるのは、自分が満足して死ねるからではないか」といった。そのときは、かなり大胆な発言であると

思っていたので強く印象に残っているという。——
『ああ同期の桜　かえらざる青春の記』（海軍飛行予備学生第十四期会篇）には、昭和二十年四月、南西諸島方面で特攻戦死した安達卓也少尉（東大）の手記が載っている。それにはこういうことが書いてある。

——……勿論《もちろん》、我々は消耗品に過ぎない。波の如く寄せ来る敵の物質の前に、単なる防波堤の一塊の石となるのだ。しかしそれは、大きな世界を内に築くための重要なる礎石だ。我々は喜んで死のう。新しい世界を導くために第一に死に赴くものは、インテリゲンツィアの誇りであらねばならない。——

白鷗《はくおう》遺族会（戦没海軍飛行予備学生出身士官の遺族会）編の『神風特別攻撃隊員の遺書』のなかには、昭和二十年四月、南西諸島方面で特攻戦死した及川肇（盛岡高工）、遠山善雄（米沢高工）、福知貴（東京薬専）、伊熊二郎（日大）の四少尉の「川柳合作」がある。川柳は二十七句あるが、そのなかにつぎのようなものがある。

特攻へ新聞記者の美字麗句
特攻隊神よ神よとおだてられ
勝敗はわれらの知った事でなし
父母恋し彼女恋しと雲に告げ
童貞のままで行ったか損な奴
ジャズ恋し早く平和が来れば良い

昭和二十年四月五日夜、沖縄特攻出撃を明日にひかえた戦艦「大和」のガンルーム（中、少尉などの居室）では、死の意義について若い士官たちの激論がつづいた。室長の臼淵磐《いわお》大尉（兵学校第七十一期）は、それをしめくくるようにつぎのようなことを言ったという。

「真の進歩を目指さなかった日本および海軍が滅びてゆくのは已《や》むを得ない。負けて目ざめることが最上の道だ。おれ達はその先導になる。日本の新生にさきがけて散る、まさに本望じゃないか」

これらを見ると、大西の訓示と、作戦指導者や指揮官たちの考えと、特攻隊員たちの考えには、かなりのズレがある。そして、隊員たちの考えが、いちばん訴えるものを持っている。

昭和二十年三月中ばごろ、大西は児玉にもらった空気銃を持ち、門司副官を供に、小崗山ふきんの草原や田んぼに散歩がてらの鳥射ちに出かけた。そのとき大西は心境を洩らした。

「棺を蔽《おお》うて定まる、とか、百年の後に知己を得るというが、己のやったことは、棺を蔽うても定まらず、百年の後にも知己を得ないかもしれないな」

三月十八、十九日、米機動部隊の空母機多数が四国、九州、本州西部を空襲した。

三月二十一日午前、指揮官野中五郎少佐のひきいる第一神風桜花特別攻撃隊神雷《じんらい》部隊陸攻十八機（うち十六機に「桜花」搭載）は、鹿屋基地を発進し、都井岬南東三百二十カイリ（約五百九十三キロ）の米機動部隊攻撃に向かうことになった。

しかし七二一空司令岡村基春大佐と第五航空艦隊参謀長横井俊之少将（兵学校第四十六

期）は、掩護戦闘機数がすくないため成功を危ぶみ、同艦隊司令長官宇垣纏中将に攻撃中止を進言した。ところが宇垣は、

「いまの情況で『桜花』が使えないようなら、使うときがないよ」

と断定した。

野中は、飛行場への道すがら、飛行長岩城邦広少佐に、

「飛行長、湊川だよ」

と語った。

発進直前、軍刀を落とし差しにした野中は、隊員たちに向かい、大音声でさけんだ。

「ただいまから敵機動部隊攻撃に向かう。まっすぐに猛撃を加えよ。空戦になったら遠慮はいらぬ、かたっぱしから叩《たた》き落とせ。戦場は快晴、戦わんかな、最後の血の一滴まで。太平洋を血の海たらしめよ」

午前十一時二十分、野中機を先頭に神雷部隊は鹿屋基地を発進した。掩護戦闘機は予定の半分にも足りない三十機となった。

午後二時二十分ごろ、同部隊は、待ち伏せた敵戦闘機約五十機の攻撃をうけ、十数分間で全滅した。その間同部隊は一字の電報も発しなかった。帰還した戦闘機の報告をうけた宇垣ら首脳部は、いまさらながら事の重大さに愕然《がくぜん》とした。野中部隊が一切の電報を発信せずに全滅していったのは、宇垣の無謀な命令にたいする無言の抵抗だったようである。

三月二十三日には沖縄地区に米機動部隊が大挙して来襲し、翌日には沖縄本島に艦砲射撃

を開始した。二十六日、慶良間列島に米輸送船団が現われた。米軍の沖縄本島上陸作戦がまぢかに迫ってきたのであった。

三月末、大西は門司副官を連れ、夜汽車で台北の高雄警備府司令部に、沖縄戦についてのうちあわせに出かけた。大西の寝台はとれたが、門司の分はとれなかった。門司は床に新聞紙を敷き、そこに寝ようとした。すると寝台の上の大西が声をかけた。

「副官、ここで寝ろよ。そこは痛いやろ」

門司は固辞したが、

「いいから上がれ。足をこっちにして、ぶっ違いになればいい」

と言うので、寝台に上がり、大西とさかさまに並んで寝た。大西の靴下ばきの足が門司の頭の横になり、門司の靴下ばきの足が大西の頭の横になった。大西は門司の足を毛布でくるんでくれた。

四月一日、米軍が沖縄本島に上陸を開始した。その早朝、石垣島から一航艦の特攻隊第一大義隊爆装零戦六機、直掩零戦十四機が出撃し、沖縄本島の米攻略部隊を攻撃した。一機が戦艦「ウエストバージニア」に命中、一機が敷設駆逐艦「アダムス」に命中、一機が輸送艦「アルパイン」に命中、一機が資材輸送艦「アカーナ」に命中、それぞれ損傷をあたえた。この第一大義隊から四月六日の第六大義隊まで、連日、一航艦の特攻隊は沖縄周辺の敵攻略部隊にたいして攻撃を加えた。

しかし米軍の沖縄攻略作戦はおくれもみせずにすすんだ。

四月七日、小磯内閣にかわり鈴木貫太郎（海軍大将、兵学校第十四期）内閣が成立した。陸相は新任の阿南惟幾《これちか》大将となったが、海相は、次官の井上成美中将はじめ多数の海軍士官がのぞんだ米内大将が留任した。この日天皇に拝謁した鈴木は、天皇は無言であったが、「すみやかに終戦に導くようにせよ」と感得したという。

同日、伊藤整一中将にひきいられ、沖縄特攻に向かった第二艦隊十隻は、午後十二時半ごろから屋久島西方海面で米空母機延べ約三百機の攻撃をうけ、戦艦「大和」、軽巡「矢矧」、駆逐艦四隻が沈没し、伊藤以下約四千名が戦死した。護衛戦闘機を一機もつけずに行けばどのようになるか、火を見るより明らかなはずであったが、豊田連合艦隊司令長官は先任参謀神重徳《しげのり》大佐（兵学校第四十八期）の主張を容れて出撃を命じ、この惨劇を生んだのである。神は、「カミガカリシゲノリ」とアダ名されていたように、超合理的な発想の持ち主であった。

四月十二日、鹿屋基地を出撃した第三次桜花攻撃隊九機が沖縄本島西方の米艦船を攻撃し、三浦北太郎予備少尉機長の一式陸攻から発進した土肥三郎予備中尉の「桜花」が米駆逐艦「マンナート・L・エイベリ」に命中、三分間で沈没させ、乗員百十四名を死傷させた。「桜花」によるはじめての戦果で、撃沈はこれがはじめてで最後であった。

終戦までの「桜花」による戦果は、同日駆逐艦「スタンリ」・掃海駆逐艦「ジェファズ」大破、五月四日敷設駆逐艦「シェイ」・掃海艇「ゲイティ」大破のちに両艦とも廃棄、五月十一日駆逐艦「ビュー・W・ハドリ」大破のちに廃棄、六月十六日駆逐艦「トウィグズ」沈没（これは「桜花」か飛行機特攻か未確認）、となっている（米軍発表）。

三月二十一日に全滅した神雷部隊隊長野中五郎少佐は、「桜花」を発進させるまでに攻撃機隊が米戦闘機に落とされる公算が大きいとして、昭和十九年十一月、鹿島灘にのぞむ茨城県神ノ池基地での訓練のときから、

「この槍《やり》、使いがたし」

と酷評し、

「昔のように夜間雷撃を思う存分やらせてもらいたい」

と言っていた。雷、爆撃の名人が揃っていた野中部隊からすれば、「桜花」は足手まといの厄介な荷物にすぎなかった。

野中は戦死する九日まえの三月十二日夜、桜花隊分隊長林富士夫大尉（兵学校第七十一期）を自室によんで言った。

「林、『桜花』はだめだ。おれはもともと特攻など好きではない。おれでなければ隊長がつとまらないというから、迷惑千万だったがうけたまでだ。桜花攻撃には、陸攻隊の最精鋭を連れて行く。しかし、昼間強襲をかければ、敵に食われるにきまっている。おれは敵にひと泡ふかせてから、部下もろとも全滅する。全滅して、捨石になる。だから、林、あとはなんとかして『桜花』の使用をやめさせてくれ」

林は全身鳥肌立つ思いでこれを聞き、野中の遺言と思った。

終戦までに出撃し、戦場に到達した神雷部隊は、野中部隊をふくめ、陸攻七十五機、「桜花」七十三機（安延多計夫著『ああ神風特攻隊』光人社刊）で、その戦果が前記のとおりである。

ベニア板張りの体当たりモーターボート「震洋」による特攻は昭和二十年二月十六日と同年四月四日の二回おこなわれた。「震洋」はやはり一人乗りで、速力約十八ノット（約三十三キロ／時）、艇首に約三百キロの爆薬をつけていた。

二月十六日は、前夜半フィリピンのコレヒドール島を発進した松枝義久中尉（兵学校第七十二期）指揮の第十二震洋隊五十隻が、マニラ湾の敵艦船に突撃したものである。戦果は、日本側発表が巡洋艦一隻、駆逐艦一隻、輸送船二隻撃沈破、米側は大型上陸支援艇二七号沈没だけであった。

四月四日は、前夜半沖縄本島の金武《きん》湾を発進した豊広稔中尉（兵学校第七十二期）指揮の第二十二震洋隊三隻が、ふきんの米艦隊に突撃したものである。戦果は、日本側が大型駆逐艦一隻轟沈、米側が歩兵揚陸艇八二号沈没であった。

このあと終戦まで、震洋隊の出撃はなかった。（デニス・ウォーナー、ペギー・ウォーナー著、妹尾作太男訳『神風　下』）

戦争継続一本槍の軍令部次長

四月十七日、一航艦司令部は小崗山《しょうこう》の洞窟《どうくつ》から新竹郊外の赤土崎に移った。

四月末、イタリアのムッソリーニ元首相が処刑されたというニュースに触れて大西は、食事をしながら、

「おれも死刑だな。ハワイ攻撃を計画したり、特攻隊を出したり――」

と笑った。

四月三十日、ドイツのヒトラー総統が拳銃自殺を遂げ、五月七日、ドイツが連合軍に無条件降伏をした。これで日本は一国で世界を相手に戦うことになった。

五月十日すぎ、大西に軍令部付発令の内示があった。沖縄の戦いも絶望となり、本土決戦にそなえて大西をよびもどすものであった。大西の後任には、高雄警備府司令長官に就任する志摩清英中将（兵学校第三十九期）が兼務することになった。

五月十三日午後、大西は門司副官を伴い、一〇二一空のダグラス輸送機で新竹を飛び立っ

た。ダグラス輸送機は上海、ついで島根県の美保航空基地を経て、五月十五日午後、神奈川県厚木航空基地に着陸した。

大西と門司は、一〇二一空本部で借りた車で海軍省に向かった。都内はところどころ強制疎開のためとり壊されていて、生気がとぼしかった。

海軍省に着いた大西は、二階の海軍次官室に入った。この日井上成美中将が大将に進級して次官を辞め、かわりに、前年十一月に特攻戦死した多田圭太中尉の父多田武雄中将が次官に就任していた。

五月十九日、大西は軍令部次長に発令された。軍令部総長は及川古志郎大将である。

同日、大西は神奈川県日吉の連合艦隊司令部に豊田副武長官をたずねた。台湾にもどる門司は、そこで大西に別れを告げた。

「いまから台湾に帰ります」

「そうか、元気でな」

門司が車に乗ろうとすると、大西が、

「握手をすると、みんな先に死ぬんでなあ」

と言い、握手をせずに、車が動き出すまで見送った。

大西を軍令部次長にしたのは、前年十月、彼を一航艦司令長官にしたのとおなじく、米内海相であった。しかし、一航艦長官にしたときは軍令部や現地部隊幹部の要望によって特攻長官としたのだが、軍令部次長にした理由はぼやけていた。このころの米内の肚《はら》は、本土決戦前の終戦と決まっていた。それをなぜ、徹底抗戦論者の大西を軍令部次長にしたのか。大西が次長になれば、特攻を続行させてあくまで本土決戦をやろうとするのは明らかで、それでは終戦の妨げとなるはずである。しかしそれは、本土決戦に賭《か》けている陸軍にたいして、海軍も本気で本土決戦をやる気だと思わせる人形として大西を次長にした、ということらしかった。最後の軍令部総長豊田副武は、戦後東京裁判の法廷で、「大西の起用は海軍部内の主戦派の不満を和らげるためだ」と証言している。だが裏では、米内は、皇族、重臣たちとはかり、機を見て終戦を実現しようとしていた。同時に、大西を実戦部隊指揮官のままにしておけば、終戦に際して何をするかわからないというので、部隊に直接命令ができない軍令部次長にしたこともあるようである。

五月二十九日には、海軍総司令長官兼連合艦隊司令長官・海上護衛司令長官の豊田副武大将が及川大将にかわり軍令部総長となり、豊田のかわりに前軍令部次長の小沢治三郎中将（井上成美と同期）が兼務の三長官に就任した。これは、豊田では安心できないが、米内、井上と「早期終戦」で肚が合い、統率力も海軍随一の小沢ならば、終戦に当たって全海軍部隊の統制に心配がないということらしかった。軍令部総長も部隊に直接命令ができないのである。

海軍は本土決戦を「決号作戦」と称していたが、要するに特攻一本槍《やり》であった。飛行機、人間爆弾「桜花」、「橘花」、人間魚雷「回天」、「海竜」、人間機雷「伏竜」、体当たりモーターボート「震洋」、体当たり赤トンボなど、人海特攻で敵輸送船団に殺到し、なるべく多数の米兵を殺せというのであった。

陸軍の戦備はお粗末としか言えなかった。頭数は六十個師団で七、八十万名になるが、九十九里浜の防備について、天皇から、小銃を持たない兵士もいるというではないか、と指摘されるほどであった。

一般国民に至っては、軍から強制され、女子どもまで敵と戦うために、竹槍の訓練をさせられていた。

このような日本をアメリカ側がどう見ていたか、前記『神風　下』には、

——全特攻作戦が——日本を徹底的に屈服させるための必要な手段は、どんなものであれ、それを用いて——戦争を強力に進めていこうとする決意を、アメリカに固めさせたといわなければならない。——

と書かれている。原爆使用やソ連参戦もやるということである。

昭和二十年（一九四五年）四月五日、ソ連は駐ソ日本大使佐藤尚武を介して、中立条約の破棄を通告してきた。日ソ中立条約は昭和二十一年四月二十五日まで有効である。日本側が、それまでは有効かと確認すると、ソ連側は、中立条約に関しては、なんらソ連の態度に変化はないと確約した。

しかし、この二ヵ月まえにおこなわれたソ連スターリン、米ルーズベルト、英チャーチルのヤルタ会談（二月四日から十一日）で、三者は、ドイツ降伏後二、三ヵ月後につぎのよう

な条件でソ連が対日参戦することを協定していた。

一、一九〇四年（明治三十七年）の日本国の背信的攻撃（日露戦争）により侵害せられたる「ロシア」国の旧権利は左のごとく回復せらるべし

㈠、樺太《からふと》の南部およびこれに隣接するいっさいの島嶼《とうしょ》のソ連への返還

㈡、大連商港におけるソ連の優先的権益の擁護およびソ連海軍基地として旅順港の租借権の回復

㈢、東清鉄道および満州鉄道の中ソ合同運営ならびにソ連の優先的利益の保障

二、千島列島のソ連への譲渡

六月になり、駐独大使館付海軍武官補佐官藤村義朗中佐（スイス在勤、兵学校第五十五期）から海軍大臣と軍令部総長にあて、作戦緊急電がとどいた。在スイス米要人ダレスから同補佐官にたいし、ドイツ人ハック博士を介して、日本が和平を希望するならワシントン政府に伝達するという申し入れがあったので、指示を得たいという。ダレスとは、米戦略情報機関（OSO）——戦後、中央情報局（CIA）の母体——の総局長アレン・ダレスである。

軍務局長保科《ほしな》善四郎中将（兵学校第四十一期）と軍令部第一部長富岡定俊少将（兵学校第四十五期）は、それがたとえ謀略であっても米国側の対日終戦条件の一端でも知る手がかりになるかもしれないとして、交渉をすすめさせたいと考えた。

富岡は〝継戦一本槍〟の大西次長を敬遠し、直接豊田軍令部総長に意見具申をした。ところが豊田は、

「君はもっぱら作戦に心血をそそいでいればよろしい。和平の問題は君の考えるべきではない」

と、まったく耳をかさなかった。それを聞いた大西は断乎反対した。

「これは米国が、日本の陸軍と海軍とを離間するための謀略である。交渉をすすめることにはぜったい同意できない」

ダレスがどういう人物か、それが謀略か謀略ではないかをたしかめるまでもない、相手にするなというわけである。

けっきょく海軍省、軍令部とも、陸軍や大西らの強硬論をはねのけても交渉をすすめる気になれず、六月二十日ごろ、米内海相名で藤村中佐に、「貴意は知った。一件書類は外務大臣に移したから、貴官は所在公使等と緊密に善処されたい」と電報した。

ダレスは日本海軍を通じてすみやかに和平工作を成立させたい意向だったが、これで工作を断念した。このころ米政府は、ソ連参戦以前に日米単独講和ができることをダレス機関に期待していたのだが、日本海軍は、国内情勢からそれは不可能と判断して、断念したのである。(『戦史叢書　大本営海軍部・連合艦隊⑺』)

昭和二十年三月以来、B29の日本本土空襲は激しくなるばかりで、五月二十五日の東京大空襲では皇居も炎上し、都区内の大半、十五万七千戸が焼失した。

六月はじめまでに、東京、横浜、名古屋、大阪、神戸の諸都市はほとんど焦土となり、京浜、中京、阪神の軍需工業地帯も大部分破壊されていた。

六月二十三日には沖縄の日本軍が全滅し、沖縄は米軍の手に落ちた。

大西が軍令部次長になってから、いつのころか不明だが、妻の淑恵につぎのようなことを洩《も》らしたという。

「こんどの戦争だって、はっきりは言えないが、敗けるかもしれんしな。戦国時代には、どこの領主もみずから出陣して陣頭に立っておるよ。日露戦争のときも、明治大帝は広島の大本営にお出ましになり、親しく戦局をみそなわされている。それがいま、今上陛下は女官にかこまれて、今日なお家庭的な生活を営まれている。ここのところは、ひとつ陛下ご自身にお出ましになってもらわんと困るのだがなあ」（『特攻の思想』）

天皇は皇居の外の大本営で陣頭指揮を執るべきであると言うようである。大西ののぞみは、天皇が陣頭に立って米英と和を講じるのではなく、「国を以て斃《たお》るる精神」で米英と戦うことである。降伏せずに天皇もろとも日本民族が二千万人死ぬまで、言いかえれば滅亡するまで戦えということである。

ここまで思いこむひとつの原因が、戦死した特攻隊員たちにたいする責任感にあったようである。

児玉誉士夫の輩下であった吉田彦太郎が、週に一度は奥さんの家庭料理を食べてはどうですかと言ったところ、

「そんなこと、言ってくれるな、君、家庭料理どころか、特攻隊員は家庭生活も知らないで

死んでいったんだよ。六百十四人もだ。君、そんなことを言うもんだから、いま若い顔が浮かんでくるじゃないか。おれはなあ、こんなに頭を使って、よく気が狂わんものだと思うことがある。しかし、これは若いひとと握手したとき、その熱い血がおれにつたわって、おれを守護してくれているんだ、と思わざるをえないよ」

と、眼にいっぱいの涙をためて言ったという。大西は自宅で起居せず、軍令部次長の官舎で起居し、淑恵も官舎に来させなかったのである。

しかし特攻隊員たちは、人それぞれちがっていても、家族や知り合いや、そのほか多くの日本人が救われて幸せになることを願って死んで行ったのではなかろうか。

井上成美は五月十五日まで海軍次官で和平工作に当たっていた。四月一日に米軍が沖縄に上陸し、米内海相から、「沖縄をとられたらどうするか」と聞かれ、「日本の執るべき方策」と題して、十三行海軍罫紙《けいし》十数枚に所見を書いて提出した。井上の戦後の回想によると、「独立が保たれれば、他はどんな条件でもよいから戦をやめるべきである。米軍の本土上陸前に講和をしなければ、日本人の国民性から考えると、米軍にたいし徹底的に抗戦し、ついには講和する母体まで消滅させてしまうであろう。それを防ぐため中立国に、ソ連（スウェーデン、スイスでも可）を介してすみやかに交渉すべきだ」

というものであった。

また、戦後井上は、防衛庁防衛研修所戦史部員の野村実（元海軍大尉、兵学校第七十一

期）の、「和平工作の眼目は何だったのですか」という問いに、

「大和民族の保存が念願だった」

と、くりかえし答えている。

しかし大西は、「大和民族の保存」より、「国を以て斃るるまで戦う」ことに執念を燃やしていた。

七月二十六日、米・英・中の三国によるポツダム宣言が発表された。条件の要点はつぎのとおりであった。

（前略）
六、無責任な軍国主義を駆逐すること。
七、平和と安全と正義の新秩序が確立し、日本の戦争遂行力がなくなるまで連合軍は日本を占領する。
八、日本の主権は本州、北海道、九州、四国、その他の諸小島に限定される。
十、戦争犯罪人は処断する。民主主義的傾向が復活強化されることにたいする一切の障碍《しょうがい》を除去すること。基本的人権、言論、宗教、思想の自由を確立すること。
十一、戦争のための再軍備は許さない。
十三、日本武装兵力は無条件降伏すること。
七月二十八日、鈴木首相は、ポツダム宣言にたいして、

「これはカイロ宣言の焼き直しにすぎない。重大な価値ありとは考えられない。ただ黙殺す

るのみ」

と言明した。この「黙殺」は、米英の受信局ではignore（無視する）と訳され、アメリカ政府はreject（拒絶する）と解釈し、秘密協定の「原爆使用」「ソ連参戦」を発動することに決定した。

昭和二十年（一九四五年）八月六日、この日は広島に原爆が投下された日だが、大西は、小沢連合艦隊司令長官、寺岡第三航空艦隊司令長官、軍令部員高松宮大佐ほかと青森県三沢基地に行き、マリアナ諸島の米航空基地に挺身攻撃をかける第一、第二剣部隊の実戦的演習を視閲した。

第一剣部隊は海軍の山岡大二少佐（兵学校第六十三期）指揮の第一〇一特別陸戦隊三百名で、一式陸攻三十機に分乗、テニアン、グアム飛行場に強行着陸し、地上でB29を焼き打ちしようというのである。第二剣部隊は陸軍の園田直大尉指揮の陸軍空挺部隊三百名で、一式陸攻三十機に分乗、第一剣部隊と同時にサイパン、テニアン飛行場に強行着陸し、おなじく地上でB29を焼き打ちしようというものである。決行日は八月十八日以降の月明期（八月二十三日が満月）と予定されていた。

演習は、小沢中将が、

「今日の演習はよくできた。大事な作戦だから、しっかり頼むぞ」

と講評して終了した。

当時三沢基地には、グアム島にいた米軍搭乗員捕虜が二人いて、剣部隊は彼らからグアムの米航空基地の情況を聞き、それを参考にB29焼き打ちの挺身攻撃訓練をやっていたのである。

ところが、演習終了後の研究会のとき、何人かの隊員が、

「出陣に先き立ち、二人の捕虜の斬《き》り試しをしたい」

と言い出した。大西次長に随行してきた軍令部員の阿金一夫大佐（兵学校第五十二期）は、とんでもないとして、すぐさま、

「斬り試しをしたいと言うが、人道的にも国際法的にもそういうことはしてはならぬ。また、そんなことをやっても何にもならん」

と、叱りとばした。

ところが、大西が、

「部隊の士気を旺盛《おうせい》にするためにはいいではないか、その決定は待て」

と阿金の発言をおさえた。阿金は思いもよらない大西の物言いに唖然《あぜん》としたが、ここで大西とやり合ってもいい結果にはならないと考え、

「では、その処置については、いちど軍令部にもどり、そこで決まったことを電報する」

と言い直し、その場のケリをつけた。

昭和五十一年一月二十四日午後七時ごろ、私は東京から佐世保の阿金に電話をかけた。太平洋戦争後半、捕虜の取り扱いについて軍令部はどういう方針で処置していたかをたずねた

のだが、そのとき、三沢基地でのこの件を一例として聞かせてもらったのである。

三沢から軍令部に帰ってどうしたか、阿金はつぎのように答えた。

「帰ったらすぐ、だれにも相談せずに、〝捕虜を斬るな〟という意味の電文を自分で起案し、電報を打って〝斬り試し〟をやめさせましたよ」

その後大西は何も言わなかったという。広島原爆から戦局が激変し、それどころではなくなったのかもしれない。

大西が「部隊の士気を旺盛にするためにはいいではないか、その決定は待て」と言った真意は何か。ことばどおりなのか、あるいは、隊員たちの盛り上がった気持を挫《くじ》くのはよくないとして決定を保留させたのか。その点は不明である。だが、「ぜったいにいかん」と判断するならば、その場で、人道とか国際法とかのたてまえでおさえるのではなく、隊員たちが奮い立つように話して、斬り試しをやめさせることにしたであろう。大西は、二人の捕虜の〝斬り試し〟をさせてもいいと思っていたのかもしれない。もし終戦まえに剣部隊が捕虜の〝斬り試し〟をやっていたら、責任者は戦後米軍に処刑されたろうし、世界の歴史に、日本海軍では軍令部が指示して捕虜の〝斬り試し〟をさせていたと書かれるところであった。

二千万人特攻か降伏か

昭和二十年（一九四五年）八月九日、ソ連軍が満州に侵入を開始した。午前十時半から、首相官邸で鈴木首相、東郷外相、阿南陸相、米内海相、梅津参謀総長、豊田軍令部総長の最高戦争指導会議がひらかれた。

鈴木がポツダム宣言を受諾せざるを得ないがと口を切り、米内が無条件か条件をつけるかだと補足するように発言した。東郷は強調した。

「国体護持のみを留保条件とし、その他は付すべきではありません」

このようなことが外部に洩《も》れれば、暗殺されるかもしれないのに、軍人たちよりも勇気のある発言であった。

阿南と梅津は、そのほかつぎの三条件もつけるべきであると主張した。

㈠、戦争犯罪人の処罰は日本側でおこなう。

㈡、武装解除は日本軍で自主的におこなう。

㈢、保障占領は日本本土には適用しない、もしやむを得ないとしても東京は除外し、できるだけ小範囲かつ小兵力で短時日に終了する。

豊田はこれに同調した。

会議がはじまってまもなく、長崎に第二回目の原爆が投下されたと知らせがあった。

会議の最中、招かれもしない大西がやってきて、阿南陸軍大臣をよび出した。大西が阿南に何を言ったかは、陸軍省軍務課の竹下正彦中佐が翌十日に阿南から聞き、彼の「機密終戦日誌」につぎのように書いた。

――この会議のあいだ、軍令部次長大西中将来たり、大臣をよび出し、米内は和平ゆえ心許《こころもと》なし、陸軍大臣の奮戦を期待せる旨依頼せるにたいし、大臣は承諾し、かつ海軍大臣の立場もあるべく本件は聞かざることとしたき旨答えたり。――

同日午後十一時五十分から皇居内で御前会議がひらかれた。出席者は鈴木首相、阿南陸相、米内海相、東郷外相、梅津参謀総長、豊田軍令部総長、平沼枢密院議長で、幹事として迫水内閣書記官長、吉積陸軍省軍務局長、保科海軍省軍務局長、池田内閣綜合計画局長官、それに特別に蓮沼侍従武官長が陪席した。

東郷外相が外相案を説明した。

「天皇の国法上の地位を確保するを含むとの諒解《りょうかい》の下にポツダム宣言案を受諾する」

米内海相が表明した。

「全然同意」

阿南陸相は唱えた。

「天皇の国法上の地位確保のためには自主的保障なくしては絶対に不可。カイロ会談の承認は満州国はじめ、他の大東亜諸国にも申しわけなし。たとえ戦争に敗るとも、最後まで戦うことにより、日本の道義と正義と勇気は永久に残るべし。国体護持の自主的保障たる軍備の維持、敵駐兵権の拒否を絶対必要とし、戦争犯罪者の処分は、国内問題として扱うべき旨主張する要あり。ソ連は不信の国、米は非人道の国なり。かかる国にたいし、保障なき皇室を委ねるは絶対反対」

梅津参謀総長は主張した。

「本土決戦にたいしては準備はできている。またソ連の参戦は我に不利なるも無条件降伏をなさざるべからざる状態にはあらず。いま無条件降伏をしては戦死者に相すまず、すくなくとも午前の四条件を加味することは最小の譲歩である」

午前の四条件とは、㈠国体護持、㈡戦争犯罪人の処罰は日本側でおこなう、㈢武装解除は日本軍で自主的におこなう、㈣保障占領は日本本土には適用しない、などである。

豊田軍令部総長も主張した。

「海軍統帥部としては陸相・参謀総長の意見におおむね同意なり。（勝算ありや否やという首相の問いに）かならず成算ありとは申し得ざるも、そうとう敵に打撃を与えうる自信あり。国内においてもなお戦意に燃える人あり。戦意たかからざる者もまた多し」

鈴木首相は天皇の決断を願った。

「朕は連合国への回答については外相と同一の考え方である。朕は皇室と人民と国土が残っておれば国家生存の根基は残る（と考える）。これ以上望みなき戦争をなおつづけることは元も子もなくなるおそれが多い。彼我の物力、内外諸般の情勢を勘案すると我に勝算はない。また従来勝利獲得の自信ありと聞いておったが、これまで計画と実行が一致していない。また陸相の言うところによれば九十九里浜の築城が八月中旬にはでき上がるとのことであったが、まだでき上がっていない。また新設師団ができてもこれにわたすべき兵器が整っていないとのことだ。これでは機械力を誇る米英軍にたいし勝利のみこみはない。

朕の股肱《ここう》たる軍人より武器を取り上げまた戦争犯罪人として連合軍にひきわたすことはまことに忍びないが、明治天皇の三国干渉時のご決断にならい、大局上忍び難きを忍び人民を破局より救い世界人類の幸福のためかく決心せる」（保科軍務局長の手記。『太平洋戦争秘録海軍中将保科善四郎回想記』）

おわると天皇は、白手袋で涙を拭《ぬぐ》った。

御前会議は八月十日午前二時三十分に散会した。

午前三時ごろから閣議がひらかれ、全閣僚とも異議なく、必要文書に署名した。

御前会議において責任をもって発言したのは天皇と米内、東郷で、あとは、陸海軍部内の強硬意見にひきずられて発言しているようであった。天皇の、「大局上忍び難きを忍び人民を破局より救い世界人類の幸福のためかく決心せる」という説明は、ポツダム宣言受諾、つまり降伏の目的をよく示している。陸海軍軍人には、このような考えがとぼしい。とぼしくなければ、この期におよんで、なお一億玉砕とか二千万人特攻というような考えはしないはずである。

猪口力平大佐は、一航艦先任参謀のあと、新編成の第十航空艦隊の各基地をまわり、特攻隊員たちにフィリピンの神風特別攻撃隊員のすばらしさを講話し、六月に鈴鹿航空隊司令になった。そして八月三日、軍令部員兼大本営幕僚に発令された。

八月十日、猪口は軍令部に先任部員として着任し、豊田総長に挨拶をした。豊田は、

「非常に困難なときに着任されてご苦労です」

と言った。昨夜の御前会議で、米内海相ははじめから終戦の意見だが、軍令部としてはすくなくとも戦力を余すところなく投入し、いま一戦、ひと押しして有利な条件のもとに敵方と交渉すべきで、武装解除は国内が大混乱に陥るおそれがあるから、このまま受諾することはできないと言うのである。

猪口は何人かの軍務局員や軍令部員と話してみたが、大西次長の評判がよくないのに驚いた。数日まえ、米内海相、豊田総長はじめ、多くの局員が列席する会議で、理のある富岡第一部長を面罵《めんば》したのが嫌われる原因となったようである。

猪口はそれをつぎのように語っている。

「大西中将は例の持ち前の、ぐんぐんと自信に満ちた態度で自分の思うとおりにすすめて行く性質もさることながら、終戦ともなれば腹を切る覚悟であった。もう余日はない、ぐずぐずしてはいられない。ところが相手は終戦になっても生きている建て前の人たちであるから、

そこにそういう建て前を自身に認めていなかった中将から見れば、大いにまどろこしく感じ、つい強い言葉も出たのであろう。死ぬことを建て前にしているものと、生きていることを建て前にしているものとの差である」

彼は、大西がどういうことで、どのように富岡を面罵したのかは言わない。それでいて、死ぬことを建て前にしているものと、生きていることを建て前にしているものとでは、なんとなく死ぬことを建て前にしている方がりっぱと思わせるような言い方をしている。

しかし問題は、二千万人死ぬまで戦うのと、本土決戦まえに戦争をやめるのと、日本にとってどちらがいいかであろう。

猪口はこの点もはっきり言わない。言わないのは、どちらがいいと言っても自分が責められるので、言えないようである。二千万人死ぬまで戦う方がいいと言えば、皇室、人民が壊滅し、国土が分割されてもいいのかと責められる。本土決戦まえに戦争をやめた方がいいと言えば、大西に協力して特攻隊員をあんなに殺しておいて自分だけ生きたくなったのかと責められる。だからここでも、枠外の第三者のような言い方をしたのであろう。

八月十二日午前一時ごろ、外務省、同盟通信、陸海軍の海外放送受信所は、日本のポツダム宣言受諾にたいする連合国側の回答についての米国放送を傍受した。

この朝、梅津参謀総長と豊田軍令部総長はそろって天皇に拝謁、ポツダム宣言受諾反対を申し述べた。

第一項の、降伏の瞬間より日本政府および日本天皇は連合国最高指揮官に従属さるべきものとす。第二項の、全陸海の武装解除。第四項の、国民の自由意志に従う政府の樹立。第五項の、日本国内における連合国軍の駐屯。

この四項目がぜったいに受諾できないと言うのである。

このときのことを、河辺参謀次長は、

「お上の御模様を総長より聞くに『むしろ正公式の敵側の返信にもあらざる放送を、しかも訳語などもいかがわしきものにたいし、周章して議論立てすることにつきお戒めの御意図さえあるがごとくに拝せり』と」と『河辺日誌』に書いている。

豊田軍令部総長の上奏にたいし、米内海相は同日昼ちかく、同総長と大西次長を大臣室におよび、米内にしては空前絶後の怒りようで二人をどなりつけた。そのもようを保科軍務局長は、昭和二十五年（一九五〇年）十一月九日、マッカーサー総司令部歴史課係官の質問に答えて、つぎのように述べている。

「……私が二人をよんでくると、『君も立ち会っておれ』と大臣に命ぜられた。

私が大臣の側に立っていると、豊田大将と大西中将が大臣室に入ってきた。私は長いあいだ、米内大臣に接してきたが、このときほど米内大将が威厳と憤怒とをもって人を迎えたのを見たことがない。総長と次長を見すえながら、非常な強いことばでだいたいつぎのようなことを軍令部次長に言われた。

『軍令部の行動はなっておらない。意見があるなら、大臣に直接申し出てきたらよいではないか。最高戦争指導会議に、招かれもせぬのに不謹慎な態度で入ってくるなんていうことは、じつにみっともない。そんなことはやめろ』

さすがの剛腹な大西も、ポロポロと涙を流し、首をうなだれた。豊田大将も、硬直したように不動の姿勢であった。米内大将はことばをついで軍令部総長に言われた。

『それからまた大臣にはなんの相談もなく、あんな重大な問題を、陸軍と一緒になって上奏するとは何ごとか。僕は軍令部のやることにとやかく干渉するのではない。しかしこんどのことは、明らかにいちおうは、海軍大臣と意見をまじえたうえでなければ、軍令部といえども勝手に行動すべからざることである。昨日海軍部内一般に出した訓示は、このようなことを戒めたものである。それにもかかわらずかかる振舞いに出たことは不都合千万である』

豊田総長は一言も答えなかった。しかし、まことにすみませんと言いたげな様子に私には見えた。大西次長は涙を流してお詫《わ》びを言った」

だが、米内の前で神妙そうであった豊田と大西は、大臣室を出ると、ふたたび講和ひきのばしに奔走しはじめた。

八月十三日、午前九時から、連合国側から正式に通告があったポツダム宣言の見解に関して、首相官邸で最高戦争指導会議がひらかれた。阿南、梅津、豊田はそのままの受諾に反対で意見が一致しなかった。いったん散会し、午後四時から再会されたが、やはり意見の一致は見られなかった。阿南はくりかえし「死中に活を求める最後の一戦」を要求した。しかし、成功を確信しているとは見えなかった。確信しているならば、「死中に活を求める」ということばは出ないわけである。陸軍部内の圧力が強く、そういうほかなかったのかもしれない。

鈴木首相はつぎのように述べた。

「戦争を継続することは、たとえ死中に活があるかもしれないが、それはあまりにも危険なことである。臣子の忠誠をいたす側よりすれば、戦いぬくということも当然なことであろうが、陛下がご聖断をお下しになったのは、もっと高いところから、日本という国を保存し、日本国民をいたわるという広大な思召しによるものと拝察する。私は、このご聖断のとおり戦争は終結せしむべきと考えるが、今日の閣議のもようをありのままに申し上げて、かさねて聖断を仰ぐ所存である」

同日午後、軍令部は会議をひらき、御前会議をひきのばし、その間に和平派を説得して継戦する工作をすすめた。先任部員の猪口大佐が発言した。

「戦争を継続すべきである。ポツダム宣言を受諾するなどとんでもない。海軍の元老に説いて、戦争を継続するよう承知させてもらいたい」（昭和五十九年〈一九八四年〉八月二十九日、土肥一夫の談話）

会議の結果、大西次長は高松宮大佐に会い、高松宮から米内海相と永野修身《おさみ》元帥（元軍令部総長、兵学校第二十八期）を説得してもらう、土肥中佐は永野元帥に直接会う、富岡第一部長は及川大将に会う、大前敏一第一課長（大佐、兵学校第五十期）は野村直邦大将（兵学校第三十五期）と近藤信竹大将（兵学校第三十五期）に会うということになった。

土肥が永野元帥に会うのは、土肥の父土肥金在が永野とおなじ二十八期で、金在は昭和七年に死亡したが、生前永野と親しかったからである。

夕方、猪口は、外へ出かける大西に会った。

「どこへお出かけですか」

「高松宮殿下のところにお願いに出かけるところだ」

「そうですか、私はさきほど殿下のところで、次長のことを非常に厳格な命令の遵奉者だから、大命一度下ればそのとおりやられますよ、と申し上げてきましたよ」

「国の亡びるときでもそうかね？」

「亡びる亡びぬはだれが決めるのですか？　亡びると思うのはあなたの考えではないですか？」

「………」

「いまこそ坊門清忠の声を、陛下のお声とかしこんで引きさがった大楠公《だいなんこう》のとおりやらなくてはなりませんよ」

大西はしばらく一点を見つめ、例のとおり口を真一文字に結んで黙っていた。やがて、

「それはじつにきついことだが、それはそうだよ」

と言い残して、大西は出かけて行った。（『神風特別攻撃隊の記録』）

猪口は、会議では「ポツダム宣言を受諾するなどとんでもない」と主張したが、ここではポツダム宣言受諾に変わっているようである。

永野を自宅に訪ねた土肥は進言した。

「ポツダム宣言を受諾したらとんでもないことになります。受諾しないように努力していただきたいのです」

「なんか手があるか？」

「いまサイパン、テニアン、グアムなどの米航空基地のB29を焼き打ちする挺身《ていしん》攻撃隊を準備しています。それに成功すれば、B29の日本本土空襲は当分なくなります」

「たったそれだけか。そのあとどうするんだ？」

「いまのところありません」

「それじゃだめだ。ポツダム宣言を受諾するしかない。戦争に負けたあとは、教師と警官を大事にしてくれ、軍人はどうなるかわからんから」

この日午前、皇居内の元帥会議（陸軍杉山元、畑俊六、海軍永野）で、永野は天皇の下問にたいし、

「国軍はなお余力を有しかつ志気も旺盛《おうせい》なれば、つづいて抗戦して上陸せる米軍を断乎撃攘《げきじょう》すべきと存じます」

と答えている（畑俊六元帥回想録『第二総軍終戦記』）。永野も、公の場では、陸軍や主戦派を恐れてか、責任ある発言をしなかったようである。

富岡第一部長は、及川のところへ出かけるまえに、第一課の作戦課員をあつめて告げた。

「私は天皇陛下のご聖断に従うつもりである。もし、私と異なる意見のものは、率直に言ってほしい」

だれも何も言わなかった。

豊田副武は大西の強硬論に押されたためか、この夜も梅津参謀総長とともに首相官邸で東郷外相に会い、ポツダム宣言に四条件（前記）をつけて連合国側の意向をただすようふたたび要求した。

午後十一時ごろ、官邸へ大西が来て、豊田に面会を求めた。会合をとりもった書記官長の迫水が出てみると、大西が言った。

「いままで高松宮さまにお目にかかっていたが、この工作はだめでした。ぜひ総長に会わせていただきたい」

迫水は大西の話を梅津や東郷にも聞かせた方がいいと思い、会場に案内した。大西は豊田、梅津に向かい、

「高松宮さまはなんと申し上げても、考えなおしてくださいません。かえって、海軍が陛下のご信用を失ってしまっているから、反省せよとのお叱りでした。ですから、米国の回答が満足であるとか否かは末節であって、軍にたいする陛下のご信任を得るには、必勝の案を上奏してご再考を仰ぐ必要があります。いまからでも、二千万人を殺す覚悟でこれを特攻に用うれば、決して負けることはありません。……」

と、非常に緊張した態度で述べ、つづいて東郷に、

「外務大臣はどう考えられますか」

とたずねた。東郷は、

「勝つことさえたしかなら、だれもポツダム宣言など受諾しようとは思わぬはずだ。ただ、勝ちうるかどうかが問題だ」

と答えた。(高木惣吉著『私観太平洋戦争』、草柳大蔵著『特攻の思想』参照)

大本営陸軍部の宮崎第一部長は、豊田、梅津、東郷への大西の懇請のもようを、業務日誌「作戦秘録」につぎのように書いている。

——この夜参謀総長、軍令部総長、外務大臣会食す。問題は「戦勝の確信なきかぎり降伏条件に四ケ条の緩和条件を付するは、かえって和平をもたらすゆえんにあらず」との外務大臣の主張を中心とする論議なりしがごとし。

席上に大西海軍中将臨み、高松宮殿下の意向を述べ、必勝の作戦計画を策定すべしと述ぶと。

なお高松宮殿下の所見によれば、陛下は陸海軍とくに陸軍にたいするご信頼を喪われあり、作戦戦果の見透しに関し確算あることに関し陛下のご心境の御変りなきかぎり、しかしてこの変化はいまや望みなし、不可能なりと、……また大西中将の高松宮殿下にしばしば直言ありしさい、殿下は「要するに軍は陛下の信任を失いあり戦勝の確算なきかぎり、陛下のご決意をひるがえすあたわず」と——

散会後、ひとり残った大西は、迫水に語った。

「私たち軍人は、この四、五年間、全力を尽くして戦ってきたように思いますが、昨日あたりから今日にかけての真剣さにくらべれば、まだまだ甘かったようです。この気持で、なお一ヵ月間も戦をつづければ、きっといい知恵が浮かぶと思うんです。あと一ヵ月、なんとかならんでしょうか」

「もうどうしようもないでしょう。いま閣下のおやりになるべきことは、一刻も早く、海軍の内部を収拾することではないでしょうか」

「そうですか、何か、よい知恵はないでしょうかねえ。何かないかなあ」

大西は涙を流しながらつぶやいた。

八月十四日午前二時ごろ、大西は軍令部次長室に帰った。そこには猪口がひとりで待っていた。

「万事休す」

大西は長歎息《ちょうたんそく》した。

「必勝の具体策がなければ、とりつぐわけにはいかぬ、と言われたので、こちらのことはわかっているから、陸軍はどうかと思って、参謀本部の総長のところに行って聞いたら、ないという。万事休すだよ」

同日午前七時、阿南陸相は梅津参謀総長に会い、クーデター計画を打ち明け、決行の同意をもとめたが、梅津はこれを拒否した。午前十時五十分すぎから皇居内防空壕で、予定どおり御前会議がひらかれた。梅津がクーデターに同意していたら、日本の運命はどうなっていたかわからない（『戦史叢書　大本営陸軍部』第十巻）。

御前会議の出席者は、全閣僚、梅津、豊田両総長、平沼枢相、迫水書記官長、池田綜合計

画局長官、吉積陸軍、保科海軍両軍務局長であった。席上、両総長と陸軍大臣は、ポツダム宣言に四条件をつけて連合国の意向をただすようふたたび懇請した。

しかし天皇は、「戦争ヲ継続スレバ国体モ国家モ将来モナクナル　即《すなわ》チモトモ子モナクナル　イマ停戦セバ将来発展ノ根基ハ残ル」（梅津総長の「最高戦争指導会議ニ関スル綴《つづり》」）として、ポツダム宣言受諾の決断を下した。会議は正午におわった。

大西は会場の外で椅子に腰をかけ、ポツダム宣言受諾が延期されることをひたすら願っていたが、空しくおわった。参会の閣僚その他が会場から出て去っていったが、彼は長いあいだ腰を上げなかった。

この日（と思われる）、大西は日吉の連合艦隊司令部に小沢長官を訪ねた。作戦乙参謀の千早正隆中佐（兵学校第五十八期）は、昼さがり、大西が血相を変えて小沢の部屋に入って行くのを見かけた。しかし、ほんの短い時間で、大西は来たときよりも悲痛な顔色であたふたと去って行った。

まもなく千早は、ある用事で長官室に入った。小沢が言った。

「今日、大西が徹底抗戦を説きに来たよ。それで、いまさら抗戦を説いて何になると言ってやったら、えらい顔して帰って行ったよ」

夕刻、大西は児玉誉士夫を訪ね、御前会議のもようを話し、児玉が贈った軍刀二振りと洗面道具を抱え、「今夜は官舎に泊まるよ」と言い残して出て行った。

『桜花』には、つぎのようなことが書いてある。

――天皇が最終的にポツダム宣言受諾の決断を下した八月一四日の夜には、国策研究会の矢次一夫宅を訪れ、
「戦争に負けたのは俺ではないぞ。天皇が負けたのさ」
と、言いすてた。――

八月十四日夜から、陸軍の青年将校たちが終戦の詔勅の録音盤奪取事件を起こしたが、田中静壱東部軍司令官らの必死の働きで十五日朝までに鎮圧され、正午には予定どおり詔勅の録音放送がおこなわれることになった。

陸相阿南惟幾大将は、この日明け方、三宅坂の陸相官邸で自刃した。「一死大罪ヲ謝シ奉ル」という遺書が残された。陸軍はこれ以後静かになった。

海軍省、軍令部の勤務員は、正午まえに焼け跡の中庭に置かれた拡声器に向かい、米内海相、豊田総長以下全員が並んだ。真夏の日差しがきつく、じっとしていても汗が出た。

大西は最前列で、和平工作に奔走した高木惣吉少将の右隣りに立った。高木にとっては大願成就の日であったが、大西にとっては悲願消滅の日となった。大西の顔色は青ざめ、体からは汗の臭気がただよっていた。高木は、大西からただならぬ決意を感じた。

詔勅放送がおわったあと、土肥中佐はライターでタバコに火をつけようとした。しかし、いくらやっても火が出ない。
「おい、ちょっと待てよ、おれ持ってきてやるよ」

顔を上げると大西だった。大西は庁舎に入って行き、まもなく出てきて、土肥にライターの石を五、六個わたし、また中へ入って行った。

同日午後五時、第五航空艦隊司令長官宇垣纏中将は、横井参謀長、宮崎先任参謀らの諫止《かんし》をふりきり、彗星十一機をひきいて大分基地を発進、沖縄特攻に向かい、そのまま帰らなかった。

「おれに死に場所をあたえよ」

と言い張ってきかなかったのである。

部下二十二名を死の道連れにすることについては、「そうか、そんなにみんな、おれと一緒に死んでくれるのか」と、満足気であったという。

小沢連合艦隊司令長官は、翌十六日朝、航空参謀淵田美津雄大佐（兵学校第五十二期）に、つぎのように命じた。

「大命を代行する以外に、私情で一兵も動かしてはならない。いわんや玉音放送で終戦の大命を承知しながら、死に場所を飾るなどと私情で兵を道連れにすることはもってのほかである。自決して特攻将兵のあとを追うならひとりでやるべきである」

八月十六日午前二時四十五分、軍令部次長官舎で、大西瀧治郎中将は部屋の中央に敷いたシーツに正座し、児玉が贈った軍刀で作法どおり腹を十文字に切り、ついで頸《くび》と胸を刺した。

明け方、傭人がそれを発見し、多田海軍次官、軍医、前田副官、児玉誉士夫が駆けつけてきた。腸がはみ出て、助かるみこみはなかった。大西は児玉に言った。

「とくべつに貴様に頼みたいことがある。厚木の海軍を抑えてくれ。小園大佐に軽挙妄動をつつしめと、大西が言ったと伝えてくれ」

厚木航空隊司令小園安名《こぞのやすな》大佐（兵学校第五十一期）が徹底抗戦をさけび、統制に服さないことを気にかけていたのである。

遺書は二通あった。妻淑恵あてのものは、「瀧治郎より淑恵殿へ」というものだった。

一、家系其の他家事一切は、淑恵の所信に一任す。淑恵を全幅信頼するものなるを以て、近親者は同人の意志を尊重するを要す。

二、安逸を貪《むさぼ》ることなく世の為人の為につくし天寿を全くせよ。

三、大西本家との親睦《しんぼく》を保続せよ。但し必ずしも大西の家系より後継者を入るる要なし。

之でよし百万年の仮寝かな

あとの一通は「特攻隊の英霊に曰《もう》す」というものであった。

遺書

特攻隊の英霊に曰す　善く戦ひたり深謝す　最後の勝利を信じつつ肉弾として散華《さんげ》せり

然《しか》れ共其の信念は遂に達成し得ざるに至れり　吾死を以て旧部下の英霊と其の遺族に謝せんとす

次に一般青壮年に告ぐ

我が死にして軽挙は利敵行為なるを思ひ　聖旨に副《そ》ひ奉り自重忍苦するの誡《いましめ》ともならば幸なり

隠忍するとも日本人たるの衿《きょう》（ママ）持《じ》を失ふ勿《なか》れ　諸子は国の宝なり　平時に処し猶《な》ほ克《よ》く特攻精神を堅持し　日本民族の福祉と世界人類の和平の為最善を尽せよ

海軍中将　大西瀧治郎（原文のまま）

部屋の柱に色紙がかかっていた。

すがすがし　暴風のあとに　月清し

淑恵は群馬県沼田在の千明牧場に疎開していた。児玉は海軍省の車で淑恵を迎えに急行した。

朝、軍医が来たとき、

「生きるようにはしてくれるな」

と頼んだ大西は、戦死した特攻隊員たちに詫びるように十五時間余の苦痛に堪え、午後六時に絶命した。行年五十四歳であった。

児玉に迎えられて淑恵が官舎に着いたのは、大西が死亡したあとだった。淑恵は瀧治郎と死の面会をすると、かすかに微笑を浮かべたとてもいい顔をしていたので安心した。（昭和三十一年〈一九五六年〉春、大西旧官舎の自決の間を訪れたときの淑恵未亡人の述懐）

「特攻隊の英霊に曰す」の遺書を見なおしてみたい。

まず、特攻隊の英霊に、よくやってくれたと感謝している。ついで、日本が最後の勝利を得られなかったことにたいして、特攻隊の英霊とその遺族に死んで詫びると述べている。最後の勝利を得られなかった理由については何も述べていないが、二千万人特攻をやれば最後の勝利を得られた、すくなくとも屈辱的な無条件降伏はせずに名誉ある講和ができた、それができなくてすまなかった、と言外で言っているようである。

「一般青壮年に告ぐ」の対象は十代後半から四十代までの男子であろうか。老人と女性は相手にならないと思っていたのかもしれない。

「我が死にして軽挙は……幸なり」

　自分はあくまで米英と戦いたい。しかし聖断によって戦ってはならなくなった。自分は戦いたい気持をこらえ、それにかえて自決することにする。これを戒めとして、諸君も軽挙して戦うようなことはせず、聖旨にそって自重忍苦してもらいたい、ということであろう。

「隠忍するとも……最善を尽せよ」

　このなかの「衿持」は「矜持《きょうじ》」の誤字である。日本人の誇りを失うなというのは当然であろう。しかし、ここはもうひとつつけ加えて、日本人は反省もせよというのがあってほしかった。矜持を失うなというからには、正しいことをやっていなくてはならない。ところがこの戦争では、米・英・蘭・豪・仏・ソなど白人国ばかりか、中国、フィリピンからも敵対され、戦後には韓国からも憎悪された。これでは日本が正しいとは言えないであろう。

「矜持を失ふ勿れ」の前提に、「世界に通じる正しい国をつくり」というのがあってほしかった。それがあれば、「平時に処し　猶ほ克く特攻精神を堅持し……最善を尽せよ」というのも生きてくるであろう。

　しかし、大西の厳しい自決は、日本海軍の矜持を示し、名誉を守ったものであった。

私は、大分県の高橋保男に聞いてみた。

「大西さんが腹を切って自決したことはどう思いますか？」

「当然ですよ」

玉井副長が仏門に入ったことを「卑怯ですよ」と言った高橋は、電話の向こうで断定した。そこには、死んで行った多くの戦友にたいするつよい思いが込められているようであった。

たしかに、大西の自決は当然のことであった。しかし、特攻にかかわった陸海軍の指揮官、参謀たちで、当然のことをした者はほとんどいない。戦艦「大和」以下十隻の沖縄特攻を命じた豊田連合艦隊司令長官は、責任を取ったと思えることをしないまま、昭和三十二年に死んでいる。その作戦を強引に主張した先任参謀神重徳大佐は、終戦一ヵ月後の昭和二十年九月十五日、飛行機が津軽海峡で不時着水し、他の乗員五名は避難したが、ひとりだけ機体とともに沈んだ。自殺のようだが、真相は不明である。

航空特攻を熱烈に唱え、桜花特攻隊七二一空司令となった岡村基春大佐は、昭和二十三年七月十三日、千葉県茂原ふきんで鉄道自殺をした。遺書めいたものもなかった。

陸軍第六航空軍司令官菅原道大中将は、沖縄作戦中、最後の特攻機で自分も出撃すると言いつづけ、特攻機数百機を送りだした。八月十五日夕刻、宇垣海軍中将が特攻出撃をしたというニュースが六航軍に伝わり、若い搭乗員のひとりが自分にも最後の出撃をさせてほしいと高級参謀鈴木京大佐に申し出た。鈴木は重爆撃機一機の用意を命じ、司令官室に行った。

菅原は参謀長川島虎之助少将と話していた。鈴木が、

「一機用意いたしました。鈴木もお供します」

と言うと、菅原は声を低めて答えた。

「たとえ宇垣中将が死んだとしても、私にはこれからの後始末が大事だ。死ぬばかりが責任を果たすことにならない」

猪口は、『神風特別攻撃隊の記録』に、

——大西中将はこの戦争が勝っていても、自決したであろうと私には思われる。それは、神風特別攻撃隊を編成した時からすでに定まっていたことで、中将の魂は常に隊員とともにあったからである。——

と、特攻にたいする責任はすべて大西ひとりにあるように書いている。

戦後になって、源田実は、

「大西の立場に立たされれば、山本五十六も山口多聞も同じことをやったろうし、彼ら自身が特攻機に乗って出撃したであろう。それが海軍軍人である」

と、見てきたようなことを言っている。だが自分が三四三空司令のときは、三四三空からも特攻を出させようとしたが、飛行長の志賀淑雄少佐（兵学校第六十二期）に、

「いいですよ、私が先に行きましょう。あとは毎回、兵学校出身を指揮官にしてください。鴛淵《おしぶち》（孝大尉、第六十八期）、菅野《かんの》（直大尉）みんな行きます。兵学校ぜんぶ行きます。そのかわり、私が最初に行くときに、後の席に、その参謀（五航艦の）を乗せて行きましょう。敵のフネは沈めます。司令、最後にあなた行きますね、紫電改で。どうぞやりましょう」

と言われ、黙って特攻をとりやめている。「それが海軍軍人である」と言うなら、志賀が言ったようにすればよさそうなものである。昭和十九年十月十三日、軍令部航空参謀の源田が神風特別攻撃隊に関する電文を起案したことは前記したが、彼が航空特攻発動にどういう役割を果たしていたかは、まだはっきりしていない。三四三空は新鋭戦闘機紫電改の飛行隊を主力とする航空隊で、源田大佐は昭和二十年一月二十日、四国松山基地の同隊に着任していた。

こうしてみると、まじめに考えて死んで行った特攻隊員や大西は、とどのつまりは、抜けめのない作戦指導者、指揮官、参謀たちにのせられ、戦争終結まえの一幕にうまく使われ、戦後もうまく利用されている感がある。

大西が「謝せんとす」と書いた特攻隊員の遺族はどうなったかの一例として、関行男大尉の場合をあげてみる。

関の妻満里子は離婚し、再婚した。これは当然であろう。しかし、愛媛県西条市に住む関の母親サカエはたいへんであった。骨董《こっとう》商の夫勝太郎は昭和十六年二月に病気で死亡し、一人息子の行男は昭和十九年十月に二十三歳で戦死し、戦後は自分でつくった草餅《くさもち》を売り歩いて生きていた。やがて石槌村の中学校の用務員に雇われ、六畳の用務員室にひとりで住んだ。昼は生徒たちから「日本一の用務員さん」の関おばさんとよばれて楽しいこともあったが、夜は淋《さび》しかった。部屋の隅に台を置き、上に行男の写真を飾り、線香を上げて、その名をよんだ。日曜日には、生徒たちが軍神関中佐への捧げ物と贈ってくれた花や樒《しきみ》の小枝を持って、愛媛県境にちかい伊予三島市にある関本家の墓所へ出かけた。行男の墓もそこにあった。

終戦後六、七年すぎたころ、関と兵学校同期のひとりが用務員室にサカエを訪ねてきた。

サカエは彼を座敷に上げると、行男の写真の前に行って座り、

「行男や、同期の人がはじめて来てくれましたよ」

と声をかけて、ぽろりと涙を落とした。

サカエは昭和二十八年十一月九日、急死した。五十七歳で、孤独な死であった。

大西は二千万人特攻を本気で考えたようだが、その遺族がどうなるかまで考えたであろうか。それに、特攻で二千万人死ぬくらいなら、特攻でなく戦死、戦没する者や餓死する者までふくめれば、四千万人以上死ぬことになろう。国家が国民をそんなにまでさせていいはずはない。

昭和二十年八月十五日の終戦は、さらに大きな犠牲を避けるぎりぎりの線であった。

陸海軍特攻隊約三千六百名の戦死は、新生日本のための最後の尊い犠牲であった。

孤独になった淑恵は、一時は悲しみのあまり瀧治郎の後を追おうとしたが、瀧治郎の墓を建て、永代供養ができるようにするまでは、死んではならないと思い定めた。

家も家財も空襲で全焼した。淑恵は飴を売って生きながら、利益を積み立てて墓の資金にしようと、雨の日も風の日も、飴《あめ》の荷を背負って売り歩いた。それを見た大西の友人知人たちも黙っていられず、それぞれ相応の援助金を出し、昭和二十七年（一九五二年）に墓が建

てられることになった。

墓碑は曹洞宗大本山鶴見総持寺の境内に同年九月二日、「海鷲観音」と並べて建立され、開眼供養がおこなわれた。碑銘は「宏徳院殿信鑑義徹大居士」である。海鷲観音は淑恵の発願によるもので、

「故人は特攻隊に申し訳ないと言い残して自決したのですから、特攻で散華された方々の霊をお祀《まつ》りする観音様を故人の墓と並べて建立したい。それに故人は海の親鷲とか言われていたのですから、親鷲子鷲連理の親子塚にしたいと思ったのですが、それは僭越《せんえつ》のようですので、海鷲観音にしたい。みなさま方のお蔭《かげ》で、自分が働いて得たお金がちょうど十万円残りましたので、これを海鷲観音の資金に当てたい。このように思いました」

というものであった。

大西と同郷同窓の堀川万吉は、淑恵について、

「淑恵さんはえらいですね。いちど再婚をすすめる人があり、相手は大財産家のりっぱな紳士で子どももない人でしたが、彼女はことわりました。その態度や応対がじつにりっぱなものでした。私は夫人には大西さんの生前にしばしば会いましたが、格別えらいとは思いませんでした。しかし、大西さんが亡くなってからの淑恵さんは、だんぜん光ってきましたね」

と言っている。

昭和四十九年（一九七四年）六月二十六日、故大西瀧治郎中将に勲一等旭日大綬章叙勲の沙汰《さた》があり、淑恵はこれを受章した。

昭和五十二年五月、淑恵は病《やまい》を得て九段坂病院に入院した。同年六月十九日、淑恵は予科練之碑保存顕彰会会長長峯良斉（飛行兵曹長、乙飛第十二期）を招き、

「この勲一等旭日大綬章は大西だけに賜わられたものではなく若い特攻隊の方々の代表として賜わられたものと思います。大西はつけることができないから、皆さんが胸につけて写真を撮ってください。あなたがこれを預っておいてください」

と、勲章をわたした。

「それでは全快退院されるまで、たしかにお預りいたします」

「それは無理でしょうね。でも、あなたに預っていただければ、百年ののちに大西の気持が伝わるでしょうから」

「奥さんは大丈夫ですよ、長官が英霊たちを引きつれて、きっと助けにきますから」

「そうかしら。でも、これで安心なの」

淑恵はにっこりした。

昭和五十三年（一九七八年）二月六日、淑恵は生涯を閉じた。この勲章は、多くの特別攻撃隊員の遺品が陳列されている土浦の予科練記念館に寄贈され、同館に陳列されるようになった。

あとがき

日本海軍の乾坤一擲《けんこんいってき》の「捷《しょう》一号作戦」にあたり、航空特攻をやることになったのは、通常の攻撃では爆弾や魚雷が当たらなくなっていたのと、搭乗員の戦死率がきわめて高く、搭乗員たちの多くが「どうせ死ぬなら」という気持になっていたのが大きな原因であった。

爆弾や魚雷が当たらなくなっていたのは、大多数の爆撃・雷撃機が、爆弾を投下したり魚雷を発射するまえに敵の戦闘機に撃墜されたからである。攻撃機を掩護する味方の戦闘機（零戦）隊が敵の戦闘機を撃墜するか追い払えばいいのだが、味方の戦闘機がすくなく、また米軍の新鋭戦闘機グラマンF６Fなどの方が古くなった零戦よりも性能がいいために、それがむずかしくなった。

もうひとつは、搭乗員の訓練期間がみじかいために、技量が十分ではなくて、途中で撃墜されたり、敵艦を攻撃しても爆弾や魚雷を命中させることが困難になっていたからである。

二百五十キロ爆弾を抱いた零戦で体当たりをさせることにしたわけは本文で詳述したので

省略するが、このような事情で航空特攻がはじまった。

特攻隊は、「志願」の形を踏ませて編成した。「命令」では、指揮官が特攻隊員の死に責任を持たねばならなかったからである。それでも当時の軍隊では特攻隊がいくらでもつくられたのだから、「どうせ死ぬなら」とはいえ、異常な時代であった。

天皇は、米内海相の神風特別攻撃隊の初戦果についての奏上にたいして、

「それほどまでのことをせねばならなかったか。しかしよくやった」

と述べたという。

戦争指導者がやってはならない戦争をはじめ、山本五十六をはじめとする作戦指導者たちがまずい戦《いくさ》をやり、どうにもならなくなり、若者たちに敗戦の責任を転嫁したのが特攻隊であった。大西中将の言うとおり、特攻は「統率の外道」である。

しかし大西は、外道と知りつつ、日本を救うのはこの手しかないと、特攻に突っ走った。そして外道にせめてもの救いがあるとすれば、自分も死ぬことであると考えた。『神風特別攻撃隊の記録』に、大西中将の先任参謀であった元海軍大佐の猪口力平は、

「旅順口の東郷元帥や、真珠湾の山本元帥が、生還の道を講じて部下を出した立場は、命ずるものが生きている建て前である。しかし大西中将の立場はそうではない。彼は十死に部下を投じたのである。したがって、これが許される立場があるとすれば、『命ずるものも死んでいる』、つまり命ぜられたものと一緒に彼もまた『死んでいる』建て前であったろう」

と書いている。「命ずる者も死んでいるんだ」とは、大西がよく口にしていたことばだっ

たようである。

海軍航空特攻の命中率は、通常の爆撃、雷撃よりはかなりよくなり、『大西瀧治郎』（刊行会世話人幹事は元連合艦隊参謀長、第二航空艦隊司令長官、海軍中将の福留繁）によると、十八パーセントという高さであった。しかし、敵艦船を撃沈あるいは再起不能にするほどの損傷をあたえるものはすくなく、連合軍の進撃を阻止することはできなかった。

米軍は日本の特攻に脅威を感じたが、戦意を喪失するほどではなく、特攻対策を講じ、特攻による損害をずいぶん減少させるのに成功した。そして特攻をあくまで続行する日本にたいして、原爆使用、ソ連参戦の決意をつよめた。

沖縄戦に勝つみこみがなくなった昭和二十年（一九四五年）五月ごろは、日本の戦争指導部、作戦指導部も、特攻で戦局を挽回《ばんかい》できる自信はなくなっていた。しかし大西は、なお二千万人特攻をやって連合軍将兵を多数殺せば、相手も手を焼き、名誉ある講和ができると主張しつづけた。自分の信念から多数の若者たちに死を命じたために、屈辱的な無条件降伏が堪えがたかったようである。しかし、二千万人特攻は無理というほかない。

ただ、特攻は決して無意味なものではなかった。

特攻は最後の切り札であった。だが、「神風」と名づけた切り札の特攻によっても、戦局は好転しなかった。その結果、「特攻をやっても勝てない」という考えにゆきつき、それ以上の手もなく、ついに陸海軍も我を折り、降伏に踏み切らざるをえなくなった。

特攻隊は、その犠牲によって終戦を実現させ、日本を壊滅寸前で救い、新生日本を生んでくれたのである。その意味で「神風」であった。

とは言え、ウラを返せば、特攻隊は、特攻の枠外にいた戦争指導者、作戦指導者、指揮官、参謀などによって、人身御供として利用されたものであった。

大西中将も、利用されるだけ利用されて、詰腹を切らされたと言える。

だが、もうひとつウラを返せば、特攻戦死した人たちや大西中将は、その死によって、このような人間社会のカラクリを教えてくれたのである。

われわれは、特攻戦死した人たちに感謝し、その犠牲を無にしないようにしたいものである。

ひとつ、はなはだ残念なことがある。大西が割腹した刀が消えてしまったことである。貴重な歴史の一ページが消されたように空《むな》しい。

取材に当たって、ご協力いただいたみなさま方に衷心から御礼を申し上げます。

なお本書は昭和五十九年発行の『特攻長官大西瀧治郎』を部分的に修正したもので、その点どうぞご諒解《りようかい》をお願いいたします。

平成五年七月

生出　寿

〈参考文献〉＊『大西瀧治郎』（故大西瀧治郎海軍中将伝刊行会）＊『神風特別攻撃隊の記録』（猪口力平、中島正共著、雪華社）＊『散る桜残る桜』（甲飛十期会）＊『特攻の思想　大西瀧治郎伝』（草柳大蔵、文藝春秋）＊『神風特別攻撃隊「ゼロ号」の男』（大野芳、サンケイ出版）＊『提督有馬正文』（菊村到、光人社）＊『桜花　非情の特攻兵器』（内藤初穂、文藝春秋）＊『神風』（上・下、デニス・ウォーナー、ペギー・ウォーナー共著、妹尾作太男訳、時事通信社）＊『海軍航空隊始末記』（発進篇・戦闘篇、源田実、文藝春秋）＊『源田実論』（柴田武雄、思兼書房）＊『高木海軍少将覚え書』（高木惣吉、毎日新聞社）＊『私観太平洋戦争』（高木惣吉、文藝春秋）＊『空と海の涯で　第一航空艦隊副官の回想』（門司親徳、毎日新聞社）＊『人間魚雷　特攻兵器「回天」と若人たち』（鳥巣建之助、新潮社）＊『ああ零戦一代』（横山保、光人社）＊『海軍中攻史話集』（海軍中攻史話集編集委員会、中攻会）＊『海軍特別攻撃隊　特攻と日本人』（奥宮正武、朝日ソノラマ）＊『ああ神風特攻隊』（安延多計夫、光人社）＊『実録太平洋戦争(5)』（中央公論社）＊『ああ同期の桜　かえらざる青春の記』（海軍飛行予備学生第十四期会篇、毎日新聞社）『井上成美』（井上成美伝記刊行会）＊『山本五十六』（阿川弘之、新潮社）＊『米内光政　下巻』（阿川弘之、新潮社）＊『航跡』（山本啓四郎、海上自衛新聞社）＊『大東亜戦争全史』（服部卓四郎、原書房）＊『戦史叢書　海軍捷号作戦(2)』（防衛庁防衛研修所戦史室著、朝雲新聞社）＊『戦史叢書　比島・マレー方面海軍進攻作戦』（同上）＊『戦史叢書　沖縄方面海軍作戦』（同上）＊『戦史叢書　大本営海軍部・連合艦隊(7)』（同上）＊『なにわ会ニュース51号』（海軍兵学校第七十二期会、昭和五十九年九月十五日発行）

文庫本　平成五年八月　徳間書店刊

NF文庫

特攻長官 大西瀧治郎

二〇一七年十月 十七日 印刷
二〇一七年十月二十二日 発行

著 者 生出 寿
発行者 高城直一
発行所 株式会社 潮書房光人社
〒102-0073 東京都千代田区九段北一-九-十一
振替/〇〇一七〇-六-五四六九三
電話/〇三-三二六五-一八六四㈹
印刷所 モリモト印刷株式会社
製本所 東 京 美 術 紙 工

ISBN978-4-7698-3032-0 C0195
http://www.kojinsha.co.jp

NF文庫

刊行のことば

第二次世界大戦の戦火が熄《や》んで五〇年——その間、小社は夥しい数の戦争の記録を渉猟し、発掘し、常に公正なる立場を貫いて書誌とし、大方の絶讃を博して今日に及ぶが、その源は、散華された世代への熱き思い入れであり、同時に、その記録を誌して平和の礎とし、後世に伝えんとするにある。

小社の出版物は、戦記、伝記、文学、エッセイ、写真集、その他、すでに一、〇〇〇点を越え、加えて戦後五〇年になんなんとするを契機として、「光人社NF（ノンフィクション）文庫」を創刊して、読者諸賢の熱烈要望におこたえする次第である。人生のバイブルとして、心弱きときの活性の糧《かて》として、散華の世代からの感動の肉声に、あなたもぜひ、耳を傾けて下さい。

＊潮書房光人社が贈る勇気と感動を伝える人生のバイブル＊

ＮＦ文庫

特攻隊語録 戦火に咲いた命のことば
北影雄幸
祖国日本の美しい山河を、そこに住む愛しい人々を守りたい——特攻散華した若き勇士たちの遺言・遺稿にこめられた魂の叫び。

海軍水上機隊 体験者が記す下駄ばき機の変遷と戦場の実像
高木清次郎ほか
前線の尖兵、そして艦の目となり連合艦隊を支援した縁の下の力持ち——世界に類を見ない日本海軍水上機の発達と奮闘を描く。

日本陸軍の機関銃砲 戦場を制する発射速度の高さ
高橋　昇
歩兵部隊の虎の子・九二式重機関銃、航空機の守り神・八九式旋回機関銃など、陸軍を支えた各種機関銃砲を写真と図版で紹介。

蒼天の悲曲 学徒出陣
須崎勝彌
日本敗戦の日から七日後、鹿島灘に突入した九七艦攻とその仲間たちの死生を描く人間ドラマ——著者の体験に基づいた感動作。

私記「くちなしの花」 ある女性の戦中・戦後史
赤沢八重子
『くちなしの花』姉妹篇——一戦没学生の心のささえとなった最愛の人が、みずからの真情を赤裸々に吐露するノンフィクション。

写真　太平洋戦争 全10巻 〈全巻完結〉
「丸」編集部編
日米の戦闘を綴る激動の写真昭和史——雑誌「丸」が四十数年にわたって収集した極秘フィルムで構築した太平洋戦争の全記録。